लीडरशिप के 52

व्यक्तिगत और प्रोफ़ेशनल सफलता सुनिश्चित करने वाले प्रभावशाली सबक़

माइक ग्रीन

अनुवाद : डॉ. सुधीर दीक्षित

MANJUL

मंजुल पब्लिशिंग हाउस

MANJUL

मंजुल पब्लिशिंग हाउस

कॉरपोरेट एवं संपादकीय कार्यालय

द्वितीय तल, उषा प्रीत कॉम्प्लेक्स, 42 मालवीय नगर, भोपाल-462003

विक्रय एवं विपणन कार्यालय

• सी-16, सेक्टर 3, नोएडा, उत्तर प्रदेश, 201301

वेबसाइट : www.manjulindia.com

वितरण केन्द्र

अहमदाबाद, बेंगलुरू, भोपाल, कोलकाता, चेन्नई,
हैदराबाद, मुम्बई, नई दिल्ली, पुणे

मूल रूप से संयुक्त राज्य अमेरिका
में इन्टिग्रिटी वर्क्स कोचिंग द्वारा प्रकाशित

माइक ग्रीन द्वारा लिखित मूल अंग्रेजी पुस्तक
60 सेकेंड लीडरशिप का हिन्दी अनुवाद

कॉपीराइट © 2015 माइक ग्रीन
सर्वाधिकार सुरक्षित

यह हिन्दी संस्करण 2017 में पहली बार प्रकाशित

ISBN   978-81-8322-661-5

हिन्दी अनुवाद : डॉ. सुधीर दीक्षित

मुद्रण व जिल्दसाज़ी : रेप्रो इंडिया लिमिटेड

यह पुस्तक समर्पित है ऐमी को, जो 25 साल से ज़्यादा समय से मेरी पत्नी हैं। आप शांत लीडर हैं, जिसका ज़िक्र मैंने 12वें अध्याय में किया है। एक लोक गीत की पंक्ति आपको बहुत पसंद है, "यात्री की सीट पर जीवन बहुत मधुर होता है।" उस सीट पर खुश रहकर आप मेरे निजी और पेशेवर जीवन में उल्लेखनीय प्रभाव तथा बुद्धिमत्ता बिखेरती हैं। मैं जो कुछ भी करता हूँ, आप उसके पीछे की बुनियाद और प्रेरणा हैं। हर दिन मैं आपके पास घर लौटने के लिए प्रेरित होता हूँ और अविश्वसनीय रूप से कृतज्ञ होता हूँ!

अनुक्रम

1

लक्ष्य प्रदर्शन को प्रेरित करते हैं

1982 की बात है। मैं 16 साल का था और एक लक्ष्य के पीछे लगा हुआ था। मेरे डैडी और मैं बस पर चढ़े, जो हमें 26.2 मील दूर ले गई। उससे उतरकर हम फ़िलाडेल्फ़िया मैराथन की शुरुआत की ओर बढ़े। मेरी पहली मैराथन। उनकी... शायद 60वीं या 61वीं। पिस्टल धमाके से चली और डैडी भी। मैंने उन्हें शायद आधे दिन तक नहीं देखा। मैराथन में पिता/पुत्र के बंधन का अनुभव ख़ास बेहतरीन नहीं था। उनका अपना लक्ष्य था; मेरा अपना लक्ष्य था : पूरे 26.2 मील रुके बिना दौड़ना और अतिरिक्त लक्ष्य था – इसे 3 घंटे के भीतर करना। पाँच मील दूर जाने के बाद मैंने अतिरिक्त लक्ष्य को रास्ते में ही गिरा दिया।

आधी दूरी पर मैं काफ़ी अच्छा महसूस कर रहा था, हालाँकि यह थोड़ा तुलनात्मक था, क्योंकि मुझे 13.1 मील और दौड़ना था। इसके अलावा, मेरे पास इसका अच्छा अनुभव भी था। दो सप्ताह पहले कोच डैडी की प्रशिक्षण योजना के तहत मैं हैरिसबर्ग मैराथन में 20 मील दौड़ा था। 20 मील बाद मैं अपनी कार तक रेंगते-रेंगते गया था और उसमें बैठकर घर लौटा था।

इस मैराथन में अट्ठारह मील बाद मेरे बाएँ पैर और कूल्हे में तेज़ दर्द मेहमान की तरह अचानक आ गया। याद रहे, वे हमें बस से 26.2 मील लेकर गए थे। तथ्य यह है कि मुझे हर हाल में उसी जगह तक लौटना था, इसलिए दौड़ना सबसे कार्यकुशल तरीक़ा था – दर्द के बावजूद। इसलिए मैं बस ख़ुद को धकेलता रहा। 22 मील बाद मुझे दर्द नहीं हो रहा था। वास्तव में मुझे कुछ ज़्यादा महसूस ही नहीं

हो रहा था। शायद यह अच्छी बात नहीं थी, लेकिन मैं बस जुटा रहा। 24 मील के बाद मैं यह समझ गया था कि मैं दौड़ पूरी कर लूँगा, हालाँकि उस तरह नहीं जिस तरह मैंने इसे दूसरों को करते देखा था। लक्ष्य तक पहुँचने की कल्पना से भी कोई रोमांचक पटाखे नहीं फूट रहे थे – मैं बस मशीनी अंदाज़ में दौड़ रहा था। कोई अतिरिक्त चीज़ नहीं। बस दौड़ पूरी कर लो। मुझे गर्व था – 16 साल की उम्र में मैं अपनी पहली मैराथन पूरी दौड़ रहा था।

तभी वह मुझे दिख गई। ताबिथा। मैंने उसका नाम पूरे रास्ते साइन बोर्ड पर देखा था। दौड़ते वक़्त भी मैंने उसका नाम सुना था और मेरे मन में यह ख़्याल भी आया था कि कभी-कभार मेरा नाम भी देखना-सुनना अच्छा रहेगा। माइक काफ़ी आम नाम है। इसे भी साइन बोर्ड पर दिखा दो, तो बहुत सारे लोग ख़ुश हो जाएँगे!

उस आख़िरी मील में मैंने 60-70 साल के कई लोगों को अपने पास से गुज़रते देखा था, लेकिन मुझे कोई फ़र्क़ नहीं पड़ा था। तो फिर ताबिथा के गुज़रने से फ़र्क़ क्यों पड़ा? मैं आपको बताता हूँ कि क्यों। इस वक़्त मेरी उम्र 47 साल है और ताबिथा की 38 साल। फटाफट घटाएँगे, तो समझ जाएँगे। उस वक़्त ताबिथा 7 साल की थी। आख़िरी मील में मेरे पास से गुज़र रही थी। याद रखें, मैंने कहा था कि मुझमें कुछ नहीं बचा था? मेरी बात ग़लत थी! मेरे पास तो बस सही प्रेरणा नहीं थी! यह सही है – गर्व हावी हो गया और मेरा नया लक्ष्य अब रुके बिना मैराथन पूरी करना था – वह भी ताबिथा से आगे! उसका भाई भी उसके साथ दौड़ रहा था। वह उस वक़्त 8 साल का था। लेकिन वह मेरे लिए मायने नहीं रखता था। बस ताबिथा मायने रखती थी।

तो जब वह गुज़री, तो मैंने अपना पैर थोड़ा सा लहराया और वह नीचे गिर गई। मेरा लक्ष्य हासिल हो गया। इसे सही न समझ लें, मैं तो बस मज़ाक़ कर रहा था। दरअसल उसके गुज़रते समय मैं प्रेरित हो गया और मुझे कुछ अतिरिक्त ऊर्जा मिली, जो मुझे पता नहीं था कि मेरे पास थी। मैंने दौड़ 3:33:13 में पूरी की। ताबिथा ने 3:33:16 में पूरी की। हाँ। मैंने उस 7 साल की लड़की को पछाड़ दिया! और उसके भाई को भी! मैं गर्व से फूला नहीं समा रहा था!

सच कहूँ, तो ताबिथा को तो ज़रा भी पता नहीं था कि मैं कौन था या मैंने उसे पछाड़ने की ठानी थी। मुझे नहीं लगता कि उसे इसकी परवाह भी होती। मुद्दे की बात यह है : मेरे मौलिक लक्ष्य ने मुझे प्रेरित किया। इसने मुझे सही प्रशिक्षण लेने के लिए प्रेरित किया। इसने मुझे सही सोचने के लिए प्रेरित किया। इसने योजना के अनुसार दौड़ पूरी करने के लिए प्रेरित किया। दूसरी तरफ़, मेरे नए लक्ष्य ने मुझे योजना से भी बेहतर प्रदर्शन करने के लिए प्रेरित किया।

कौन से लक्ष्य आपके प्रदर्शन की प्रेरणा हैं? उनके बिना आप वह कभी नहीं कर पाएँगे, जो आप कर सकते हैं। एक ऐसा लक्ष्य खोजें, जो मायने रखता हो, जो आपको ऊर्जा दे और फिर उसका पीछा करें। भले ही आप लक्ष्य हासिल न कर पाएँ, लेकिन इस प्रयास में आप जो सीखेंगे और विकास करेंगे, उससे आप काफ़ी आगे पहुँच जाएँगे।

2

क्या आप में जज़्बा है?

अपने 15 साल के बेटे मिचल को टेनिस खेलते देखना मेरा प्रिय शगल है। कुछ सप्ताह पहले उसका शायद अपने करियर का सबसे बेहतरीन मैच हुआ। कोच आम तौर पर कहते हैं कि अगर आप सफलतापूर्वक गेंद को तीन बार लौटा दें, तो आप लगभग हमेशा पॉइंट जीत लेते हैं। हाँ – ज़्यादातर मामलों में। लेकिन इस बार नहीं।

उजला दिन था, पारा 80 के पार था और उनका मुक़ाबला उनकी कट्टर विरोधी टीम से था। मिचल को सिंगल्स में 8 गेम का सेट (जो 8 गेम जीत लेगा, वही सेट जीत लेगा) खेलना था। उसका मुक़ाबला चिर-परिचित प्रतिद्वंद्वी से था, हालाँकि इतने बरसों में वे एक दूसरे का स्वस्थ सम्मान करने लगे थे। पॉइंट गेंद को तीन से ज़्यादा बार लौटाने से मिल रहे थे, क्योंकि दोनों ही लड़के बहुत कम ग़लतियाँ कर रहे थे। वे सिर्फ़ गेंद को लौटा ही नहीं रहे थे; वे तो आक्रामक थे, सही जगह पर गेंद मार रहे थे, स्पिन भी कर रहे थे, दौड़कर नेट तक आ रहे थे – तूफ़ानी खेल चल रहा था। वे दोनों जीजान लगाकर जूझ रहे थे! मैं मिच के साथ ऐसी रैलियों में खेला हूँ। जब इतनी सारी ऊर्जा इतनी तेज़ी से ख़र्च हो रही हो, तो अपने फ़ॉर्म तथा फ़ुटवर्क को क़ायम रखना बहुत मुश्किल होता है। मैं एक धावक हूँ। इन बच्चों ने कभी हार नहीं मानी।

वास्तव में, एक बिंदु पर जब मिचल 5-7 से पिछड़ रहा था (उसके विपक्षी को मैच जीतने के लिए बस एक और गेम जीतना था), तो एक रैली तो 40-50 शॉट तक चली - जो टेनिस में लगभग अनसुनी चीज़ है। यह हम दर्शकों को अनंत लग रही थी; मैं कल्पना भी नहीं कर सकता कि इन लड़कों को कैसा महसूस हुआ होगा! लेकिन एक बार फिर, किसी ने भी घुटने नहीं टेके। बहुत ही प्रभावशाली। मिचल ने पॉइंट जीत लिया और कोर्ट पर लुढ़क गया। उसने अपने विपक्षी को एक शक्तिशाली फ़ोरहैंड शॉट मारकर बिलकुल दाहिनी तरफ़ जाने के लिए विवश कर दिया था और फिर दौड़कर नेट के पास आकर विरोधी के बैकहैंड की तरफ़ शॉट मारकर पॉइंट जीत लिया था। हममें से कोई नहीं जानता था कि इस रैली के अंत में मिचल को अस्थमा का दौरा पड़ा था। उसने हमें बाद में बताया कि उसमें बस इतनी ही ताक़त थी कि वह दो ही शॉट मार सकता था और इसी वजह से वह अंत में वे दो आक्रामक शॉट मारने के लिए प्रेरित हुआ था।

अंततः स्कोर 7-7 की बराबरी पर पहुँच गया, जिसके बाद टाईब्रेकर का इस्तेमाल हुआ। मिचल ने टाईब्रेकर से ठीक पहले अपने विपक्षी के हाथ पर ताली मारी और पूछा, "तैयार हो, नोआ?" और इसके बाद वे चल दिए। मुझे यह बताते हुए खुशी हो रही है कि मिचल ने टाईब्रेकर वाला गेम 8-6 से जीत लिया और इस तरह उसने वह मैच भी जीत लिया। इस मैच को देखना उल्लेखनीय था। विरोधी के पिता ने मैच के बाद मिचल के पास आकर कहा, "यह वह सबसे अच्छा मैच है, जो मैंने तीन साल में देखा है!" ऐमी ने मिच से पूछा कि वे सज्जन कौन थे। उसने जवाब दिया, "क्या पता, जो भी हों, मैं उन्हें पसंद करता हूँ!"

मैं यह इसलिए बता रहा हूँ, क्योंकि मुझे शायद थोड़ा गर्व है... और इसलिए क्योंकि खेल के मैदान में इन लड़कों ने हमें बहुत सारे सबक़ सिखाए। उन्होंने जो जज़्बा प्रदर्शित किया, वैसा जज़्बा मैंने उस साल नहीं देखा, शायद कभी नहीं देखा। वे हार मानने को तैयार ही नहीं थे - न तन से, न मन से। उन दोनों ने एक दूसरे के प्रति बहुत सम्मान दिखाया - ख़राब नज़रियों, टिप्पणियों या पैंतरों से खेल को कभी अपमानित नहीं किया। उन्होंने एक दूसरे को प्रोत्साहित किया और बेहतरीन शॉटों के लिए हौसलाअफ़ज़ाई भी की।

जज़्बा। उन्होंने एड़ी-चोटी का ज़ोर लगाया। उन्होंने अपनी सर्वश्रेष्ठ कोशिश की, कभी हार नहीं मानी, अपने नज़रियों और भावनाओं को क़ाबू में रखा, आपसी सम्मान दिखाया और वे अंत तक एकाग्र व संतुलित थे। उन्होंने प्रतिस्पर्धा को अपने पीछे मैदान में ही छोड़ दिया।

अगर हर व्यक्ति ऐसा ही हो, तो कितना अच्छा रहेगा!

3

लीडर अपने व्यवहार से लोगों को बेहतर बनाते हैं

मैं अपने जीवन के सबसे प्रभावशाली व्यक्तियों में से एक को यह कहते सुन सकता हूँ, "माइक, तुम कहीं ज़्यादा प्रभावी ढंग से नेतृत्व करोगे, जब तुम अपने व्यवहार से लोगों को बेहतर बनाना सीख लोगे।"

उन्होंने कहा कि बाक़ी संसार आम तौर पर लोगों की ग़लत चीजों पर ध्यान केंद्रित करता है, लेकिन मुझे लोगों को सही चीज़ें करते पकड़ना चाहिए। लोग उसी तरफ़ जाते हैं, जहाँ उन्हें महत्त्व का अहसास होता है। यह न देखें कि लोग कहाँ हैं। इससे बेहतर यह देखना है कि वे कहाँ पहुँच सकते हैं - जिसे वे महत्त्व देते हैं, यह उसके समर्थन में है। इसमें थोड़े विश्वास, प्रोत्साहन और पूर्वविचार की ज़रूरत हो सकती है, लेकिन यह फ़ायदे का सौदा होगा।

क्या आपने कभी सुना है कि क्षमता एक मानसिक अवस्था है? देखिए, यह निश्चित रूप से है और दूसरे इसे काफ़ी ज़्यादा प्रभावित कर सकते हैं। बरसों पहले जब मैं एक स्थानीय कंपनी के लिए बिक्री कर रहा था (मेरी मानसिकता स्थानीय प्रतिस्पर्धी की थी), तो मेरे मैनेजर/मालिक ने मुझे बताया कि मैं राष्ट्रीय स्तर पर प्रतिस्पर्धी जितना बेहतर काम कर रहा था। मैं इस बात से पूरी तरह अनभिज्ञ था।

चाहे वे यह बात जानते हों या न जानते हों, लेकिन उनके इस एक वाक्य ने मुझे स्थानीय प्रतिस्पर्धी के स्तर से ऊपर उठा दिया और मैं खुद को उस तरह देखने लगा, जैसा मैं बन सकता था - राष्ट्रीय स्तर पर प्रतिस्पर्धी सेल्स लीडर (मैंने कुछ साल बाद यह कर भी दिया)।

यदि आप ऑफ़िस, चर्च, खेल के मैदान या घर पर एक शक्तिशाली टीम बनाना चाहते हैं - तो लोगों को उनकी वर्तमान अवस्था से परे देखने का धैर्य और दृष्टिकोण सीखें। चाहे यह हमारे जीवनसाथी हों, हमारे बच्चे हों या हमारी टीम हो, लोग आम तौर पर हमारी अपेक्षा के स्तर तक ऊपर उठते हैं - ख़ास तौर पर वे, जो हमारा सबसे ज़्यादा सम्मान करते हैं।

यदि आप एक महान टीम चाहते हैं, तो अपने व्यवहार से लोगों को बेहतर बनाएँ।

4

लीडर जीत की गारंटी से शुरू करते हैं

मैं कुछ समय पहले एक मित्र और ग्राहक से बात कर रहा था। उसने बताया कि उसकी पत्नी हर सुबह दौड़ लगाती है - यह उसके दैनिक व्यायाम में शामिल है। वह उसकी तारीफ़ करते हुए बता रहा था कि वह उसके समर्पण से बहुत प्रभावित है। पत्नी का कहना था कि यह हर दिन शर्तिया जीतने का तरीक़ा था।

मैं अपनी सुबह शर्तिया जीत से शुरू करता हूँ और मैं बस वह करता हूँ, जो मैंने संकल्प लिया था। हममें से ज़्यादातर लोग हर कामकाजी सुबह स्नूज़ बटन से लड़ते हैं - शायद इसलिए क्योंकि हम उठकर दिन का सामना करने के लिए प्रेरित नहीं होते हैं या फिर हम बहुत थके होते हैं और ज़्यादा सोना चाहते हैं, या हम बस कुछ और मिनट तक स्नूज़ बटन दबाने के "आदी" होते हैं। कारण चाहे जो हो, मैंने कुछ साल पहले निर्णय लिया कि यह महत्त्वपूर्ण नहीं है कि स्नूज़ मेरे जीवन में अच्छी चीज़ है या बुरी; योजना के हिसाब से समय पर उठने का मेरा आत्म-अनुशासन या उसकी कमी... असली मुद्दा थी। आलस करके अपना दिन शुरू करने वाला जीतने की उम्मीद कैसे कर सकता है?

तो मेरा दिन एक सरल लक्ष्य से शुरू होता है - 2 स्नूज़। बस इतना ही। मैं जानता हूँ कि अगली सुबह मुझे कब उठना है और मैं उसके 18 मिनट बाद अलार्म लगाता हूँ। (9 मिनट का एक स्नूज़ मानने में क्या दिक्क़त है!!??) वैसे मैं स्नूज़िंग के ज़रिये ख़ुद इतने आलस की "अनुमति" दे देता हूँ, लेकिन इसे मैं ख़ुद तय करता

हूँ। जब तक मैं अपने वादे – दो स्नूज़ – का सम्मान करता हूँ, मैं समय पर उठ जाता हूँ और अपनी पहली "जीत" के बारे में अच्छा महसूस करने लगता हूँ। फिर अगली "जीत" की ओर बढ़ जाता हूँ। मैंने अपने दिन की शुरुआत में ऐसी कई जीतों का इंतज़ाम कर रखा है, क्योंकि मेरे ग्राहक की पत्नी की तरह ही मैं भी हर सुबह बहुत सारी चीज़ों में जीतना चाहता हूँ।

अरस्तू ने कहा था, "सर्वश्रेष्ठ विजय स्वयं पर होती है।" ये स्वयं पर होने वाली विजयें छोटी, लेकिन शक्तिशाली होती हैं। वे चीज़ों को सही शुरू कराती हैं। वे हमें परिभाषित करती हैं और उन्हीं की दम पर हम अपने वादे निभाते हैं। वे हमें आगे की पंक्ति में खड़ा कर देती हैं, क्योंकि वे विजेताओं में सबसे शक्तिशाली और आम आदतों में से एक – आत्म-अनुशासन – को बढ़ा देती हैं।

रॉबर्ट शुलर कहते हैं, "शुरुआत का मतलब है आधा काम।" इसलिए हमारे दिन की शुरुआत में ही जीत हासिल करना... शायद यह हमें बेहद सफल दिन की समापन रेखा की आधी दूरी तक पहुँचा देता है। महान उसेन बोल्ट और अन्य शीर्ष ओलंपिक धावकों की तरह अच्छी शुरुआत पाना दौड़ में सफलता के लिए सबसे ज़्यादा महत्त्वपूर्ण होता है।

कुछ जीतों – कुछ शर्तिया जीतों – के साथ उन अवरोधों के पार जाएँ, जिन पर हमारा पूरा नियंत्रण है। और फिर जैसा डॉ. लॉरा का कथन है, हम "दिन से दो-दो हाथ कर सकते हैं!"

5

प्रभाव मुझे बीमार बना देता है

यह सुंदर सुबह थी। मैं उठकर अपनी पत्नी के साथ नाश्ते की टेबल पर पहुँचा। नाश्ता बड़ा अच्छा दिख रहा था। मसले हुए अंडे, बटर-टोस्ट, सॉसेज, बेकन - नाश्ते के वे सारे अच्छे, स्वादिष्ट, तेल वाले व्यंजन, जो संसार को बेहतर बनाते हैं। इससे भी बढ़कर, हम लोग पैसिफ़िक नॉर्थवेस्ट में एक विशाल क्रूज़ शिप में बैठे थे और हबर्ड बे, अलास्का जा रहे थे।

मुझे इस बात का अहसास नहीं हुआ था कि जहाज़ बुरे मौसम में थपेड़े खा रहा था और प्रभाव की शक्ति मुझ पर अपना असर दिखाने वाली थी। हम नाश्ते के बाद सीधे उस बिज़नेस मीटिंग की ओर बढ़े, जिसमें हमें उस सुबह हिस्सा लेना था। हम जहाज़ के एक छोर पर एक ऑडिटोरियम में बैठे थे। मैं मंच पर एक आदमी को देख रहा था, जब उसके पीछे पर्दे थोड़े महत्त्वपूर्ण अंदाज़ में लहराए। देखिए, मेरा पेट काफ़ी अच्छा है, लेकिन दूसरे लोग अपना मुँह ढँककर दौड़ रहे थे और इस वजह से मुझे परेशानी हो रही थी! मैंने खुद को समझाने की कोशिश की, मुझे अच्छा लग रहा है; कोई समस्या नहीं है। यहाँ - यह तो बस "चीज़ों पर मस्तिष्क की शक्ति का मामला" है - अच्छे विचार सोचो... ऐसी ही बातें!

आप जानते हैं कि यह काम करता है। जब आपका मतली का मन होता है, तो आपका मस्तिष्क पिछले भोजन की रंगारंग तसवीरें दिखाकर आपके साथ खिलवाड़

करता है - जो अब भी आपके पेट में है और शायद बहुत जल्दी बाहर आने के लिए बेताब है। इतना ही नहीं, बाक़ी सभी लोग अपने मुँह पर हाथ रखकर बाहर की ओर दौड़ रहे थे और दौड़ते समय एक तरह से "ऐंठ रहे थे!" मेरी हार तय थी।

हाँ, मुझे भी मतली हो गई। मैं मतली से ग्रस्त होकर कुछ समय के लिए शॉवर में लेटा था; बाक़ी आधा जहाज़ भी यही कर रहा था। मेरी पत्नी ने कहा कि लगभग सभी सार्वजनिक रेस्ट रूम बंद थे - उनमें इतनी गंदगी थी कि कोई वहाँ नहीं जा सकता था और वे इतने सारे थे कि उन्हें जल्दी साफ़ भी नहीं किया जा सकता था। लगभग हर व्यक्ति अपने केबिन में था, जो रहने के लिए सबसे बुरी जगह थी। लेकिन एक बार फिर, सबके सामने अपने नाश्ते को कौन बाहर निकालना चाहेगा! बुरे मौसम की वजह से अंततः कप्तान ने हबर्ड बे के गंतव्य स्थल को रद्द कर दिया, लेकिन इसके बाद हमने अलास्का की एक अद्भुत सैर का आनंद लिया।

क्या मैं सचमुच बीमार था? क्या पता? लेकिन सुझाव की शक्ति, मेरे आस-पास के लोगों के प्रभाव, तेल-चिकनाई भरे नाश्ते के विचार तथा वह हिलता हुआ पर्दा - इन सबकी वजह से मेरी नाव डूब गई।

प्रभाव बेहद शक्तिशाली होता है। हम दूसरों को प्रभावित कर रहे हैं और वे भी हमें प्रभावित कर रहे हैं। जॉन मैक्सवेल कहते हैं, "नेतृत्व प्रभाव है, न इससे कम, न ज़्यादा।" हालाँकि यह उदाहरण थोड़ा भद्दा है, लेकिन यह कहा जा सकता है कि हर व्यक्ति प्रभावित करता है और इस तरह उसके पास नेतृत्व की थोड़ी-बहुत ज़िम्मेदारी होती है।

आप किस तरह प्रभावित हो रहे हैं? आप किसे प्रभावित कर रहे हैं? दोनों ही चीज़ें हर समय हो रही हैं। आपके ऑफ़िस, चर्च, समुदाय और घर में लोग आपको लीडर के रूप में देख रहे हैं - आप उन्हें आलसी होने, शॉर्टकट लेने, दूसरों के प्रति अधीरता दिखाने और काम पूरा न करने के लिए प्रेरित कर रहे हैं। या फिर आप उन्हें इस बात के लिए प्रेरित कर रहे हैं कि वे लगनशील बनें, सही काम करें, दूसरों के प्रति धैर्य व दयालुता दिखाएँ और हमेशा अपने वादे निभाएँ।

आपने इस सप्ताह किसे प्रभावित किया है? यदि वे आपके जैसा व्यवहार करें, तो आपको गर्व होगा या शर्म आएगी?

मैं सोचता हूँ कि जवाब स्पष्ट है। इसे पाने में बस थोड़े ज़्यादा सुविचारित बनें।

6

विवरण और पूल टेबल

डीआईएससी प्रोफ़ाइल में मेरी शैली "आई-डी" है। इसका मतलब है कि मैं परिणामों, कार्य और उत्साह को प्राथमिकता देता हूँ। इस शैली की आम चुनौती विवरणों को अनदेखा करने की प्रवृत्ति है। हूँहूँहूँ… यह काफ़ी सटीक है।

थैंक्सगिविंग की छुट्टियों में मेरी पत्नी और मैंने निर्णय लिया कि हम क्रिसमस पर अपने बेटे के लिए एक पूल टेबल ख़रीदेंगे। हमारे पास तोहफ़े देने का बजट था और हमारे तीन बच्चे थे, इसलिए उस बजट में नई पूल टेबल आने का सवाल ही नहीं था। लेकिन ईबे ने पहले भी हमारी मदद की थी… और इसने एक बार फिर हमारी मदद की। हमने एक टेबल देखी, जो काफ़ी अच्छी दिख रही थी और इसकी क़ीमत भी बड़ी वाजिब थी। जब मेरे बच्चे और मैं मोनोपॉली खेल रहे थे, तब मेरी पत्नी काउच पर लेटकर पूल टेबल के लिए बोली लगा रही थीं। बोली कामयाब होने पर उन्होंने अर्थपूर्ण नज़रों से मुझे देखा… हमें यह मिल गई थी - इसके मूल भाव पर - किसी दूसरे ने उनके ख़िलाफ़ बोली नहीं लगाई थी। यह बहुत सस्ता सौदा था।

अब वह हिस्सा आ गया, जिसे मैं पसंद नहीं करता हूँ। वह है ब्यौरा। यह टेबल कहाँ है? हम इसे अपने घर तक कैसे लाएँगे? हम इसे कैसे उठाएँगे? हम इसे अपने घर में कैसे लाएँगे, ताकि मिचल को भनक न लगे? हम इसे उसके कमरे में ऊपर की मंज़िल तक कैसे पहुँचाएँगे? विवरण! मेरी आदत है, पहले गोली चला दो, फिर देखते हैं क्या होता है।

सोच-विचार के बाद मैंने अपनी बेटी के बॉयफ्रेंड की मिनीवैन लेकर दो घंटे की यात्रा की। ज़ाहिर है, मुझे टेबल के आकार या वज़न का ज़रा भी पता नहीं था। स्मार्ट। लेकिन मेरी मानसिकता हमेशा रहती है... हम कोई न कोई तरीक़ा खोज लेंगे। अच्छा आशावादी दृष्टिकोण, लेकिन हमेशा सबसे चतुराई भरा दृष्टिकोण नहीं। वैसे इसे बेचने वाले ने अपने ईमेल में लिख दिया था कि यह सचमुच भारी है। कोई चिंता नहीं - इसीलिए हम एक के बजाय दो लोग उसे उठाने गए थे!

हम ठिकाने पर पहुँच गए। उस आदमी ने जब बाहर निकलकर हम दोनों को देखा, तो वह बोला, "आह... आपको आठ लोगों की ज़रूरत पड़ेगी।" हम ऐसे-कैसे हार मान लेते? हमने एक घंटे यह तक सोचा कि 350 किलो से ज़्यादा वज़न की इस टेबल को बेसमेंट के बाहर निकालकर सीढ़ियों के ऊपर कैसे लाया जाए। बेचने वाले बंदे का कुछ सप्ताह बाद कूल्हे का ऑपरेशन होने वाला था, इसलिए उससे मदद की कोई उम्मीद करना बेकार था!

यह कहने की ज़रूरत नहीं है कि हम पूल टेबल के बिना ख़ाली हाथ लौट आए।

अंततः हम दोबारा गए... ज़्यादा लोगों को लेकर। हम उस टेबल को घर ले आए। यह ऊपर की मंज़िल पर उसके कमरे में है। टेबल को, और ज़्यादा अहम बात, हममें से किसी को भी कोई नुक़सान नहीं हुआ!

इसमें अनावश्यक परेशानी हुई और दो बार चक्कर लगाने पड़े। क्यों? क्योंकि मैंने विवरणों पर ध्यान नहीं दिया। हालाँकि मैं "हम-इस-काम-को-कर-लेंगे" वाले अपने नज़रिये को पसंद करता हूँ, लेकिन मुझे शुरुआत में विचारशील बनने की याद रखनी होती है। हम इस बार काफ़ी सौभाग्यशाली थे - बेहतरीन टेबल, वैन में अच्छी तरह आ गई, हम इसे घर ले आए - कोई नुक़सान नहीं हुआ और कोई घायल भी नहीं हुआ। वाह!

अगली बार मैं थोड़ा धीमा हो जाऊँगा और यह काम पहली बार में ही करूँगा। शायद!

7

क्या आप उत्कृष्ट प्रदर्शन करते हैं?

मैंने बरसों पहले एक समझदार इंसान को कहते सुना था कि नरक का एक रूप उस व्यक्ति से मिलना है, जो आप बन सकते थे।

चाहे आप व्यवसाय के मालिक हों, सेल्सपर्सन हों, खिलाड़ी हों या कोई भी हों, जो चीज़ आपके लिए बेहद महत्त्वपूर्ण है, उसमें उत्कृष्ट प्रदर्शन तभी हो सकता है, जब आप एक खाई पाट देंगे - आप इस वक़्त जो हैं और आप जो बन सकते थे या आपको जो बनना चाहिए - उसके बीच की खाई। सबसे पहले तो यह तय करें कि क्या कोई खाई है? संभवतः हाँ। दूसरी बात, आपकी क्षमता क्या है? तीसरी, उस खाई को पाट दें। उत्कृष्ट (PEAK) प्रदर्शन करने के लिए यह काम ख़ास, इरादतन एकाग्रता के साथ करें। आप चाहे किसी भी क्षेत्र में उत्कृष्ट प्रदर्शन करना चाहते हों, इसके लिए मेरी सलाह यह है।

दृष्टिकोण (Perspective)। दृष्टिकोण इस बारे में है कि आप कैसा सोचते हैं। यहीं पर सारा खेल शुरू होता है। विवाह करते समय जिन दंपतियों का समर्पण संदिग्ध होता है या निष्ठा का अभाव होता है या असम्मान का नज़रिया होता है, वे ग़लत दृष्टिकोण के साथ विवाह की वेदी तक पहुँचते हैं। यह एक ऐसा दृष्टिकोण है, जो असफलता की ओर ले जाता है। वे इसी संसार को जानते हैं - यह उनका वर्तमान दृष्टिकोण है। ज़ाहिर है, हम यह मानकर चल रहे हैं कि वे एक बेहतरीन विवाह चाहते हैं। अगर वे सफल होना चाहते हैं, तो मन को एक नए दृष्टिकोण की

ज़रूरत है। सही दृष्टिकोण रखें। चीज़ों को उस तरह न देखें जैसी वे हैं, उन्हें उस तरह देखें, जैसी आप उन्हें देखना चाहते हैं। मेरा विश्वास है कि दृष्टिकोण बाक़ी सब चीज़ों पर भारी पड़ता है। मुझे सही दृष्टिकोण वाले दंपति, व्यवसाय मालिक या खिलाड़ी दे दें - मैं उन पर पहले दाँव लगाऊँगा।

विशेषज्ञता (Expertise)। विशेषज्ञता इस बारे में है कि आप जो भी करते हैं, उसे कैसे करते हैं। आप बिक्री, व्यवसाय, विवाह, परवरिश, व्यायाम आदि कितनी अच्छी तरह करते हैं? बेसबॉल या टेनिस में यह आपकी स्विंग की शैली हो सकती है। यह प्रक्रिया का बौद्धिक हिस्सा है - आपके उद्देश्य का "कैसे करें" वाला हिस्सा। उचित अमल और दोहराव से आप अपने मस्तिष्क में "कैसे करें" के मार्ग बनाते हैं। एक महान पियानोवादक हवाबाज़ी करते हुए वहाँ तक नहीं पहुँचा है - उसने मेहनत की, उसने अमल किया और उसने अपनी कला को तराशा।

कार्य (Action)। कार्य यह प्रश्न पूछता है, "आप जो करते हैं, उसे कितनी बार करते हैं?" आपके पास बेहतरीन दृष्टिकोण (मानसिकता) और बेहतरीन विशेषज्ञता (प्रक्रिया) हो सकती है, लेकिन मेहनत के बिना सब गुड़गोबर हो जाएगा। आप किसी खड़ी कार को मोड़कर दूसरी दिशा में नहीं ले जा सकते। यह अच्छी तो दिख सकती है, लेकिन यह कहीं पहुँचाती नहीं है! अपने ग्राहकों से निरंतर कार्य कराना - ख़ास तौर पर बिक्री संबंधी - अक्सर मेरी सबसे बड़ी चुनौती रहती है। आप बल्ले को कितनी बार घुमाते हैं? क्या आप अपनी प्रक्रिया को मापने के लिए या अच्छी प्रक्रिया को विकसित करने के लिए पर्याप्त अमल कर रहे हैं? बस बल्ला घुमाएँ, फिर फ़ेरबदल करें और बेहतर बनें। जैसा आप जॉन मैक्सवेल की पुस्तक *फ़ेलिंग फ़ॉरवर्ड* में पढ़ते हैं, मात्रा अक्सर गुणवत्ता उत्पन्न करती है - ख़ास तौर पर जब कोचिंग सही हो।

ज्ञान (Knowledge)। आप जो कर रहे हैं, उसके बारे में आप क्या जानते हैं? क्या आपने हाल में नेतृत्व पर कोई पुस्तक पढ़ी है? व्यवसाय मालिक के रूप में क्या आप आरओआई, पीऐंडएल स्टेटमेंट्स और बँधे-बँधाए खर्चों के बारे में पर्याप्त जानकारी रखते हैं? क्या आप जानते हैं कि कौन सी चीज़ आपके जीवनसाथी को प्रेरित करती है, कौन सी चीज़ आपके बच्चों को प्रोत्साहित करती है और कौन सी चीज़ आपकी टीम के लोगों को ऊर्जावान बनाती है? ऐसी पुस्तकें और लोग हैं, जो इन सभी क्षेत्रों में आपकी मदद कर सकते हैं। पूछें, रुचि लें, संलग्न हों और जुड़ें।

बस इतना ही। अपने जीवन के बड़े पहलुओं में उत्कृष्ट प्रदर्शन करें - जो सचमुच महत्त्वपूर्ण है; हालाँकि वे हमेशा अत्यावश्यक नहीं दिखते हैं। दृष्टिकोण से शुरुआत करें - जैसा अरस्तू ने कहा था, "सबसे महान विजय स्वयं पर होती है।"

8

लोगों का गणित

बरसों पहले हमारी सबसे बड़ी बेटी एक ढाबे क़िस्म के रेस्तराँ में काम करती थी। अपने कार्यकाल के अंत में उसकी एक दबंग महिला से मुठभेड़ हो गई। उसकी मैनेजर से।

थोड़ी पृष्ठभूमि बता दूँ, यह इस उद्योग में उसकी पहली नौकरी थी - निश्चित रूप से चुनौतीपूर्ण। उसका व्यक्तित्व थोड़ा कातर था, ख़ास तौर पर ऐसी स्थितियों में जहाँ उसे बहुत कम आत्म-विश्वास था। ईस्टर के दो सप्ताह पहले उसने दो सप्ताह का नोटिस दे दिया - इसे नियोक्ता को उपहार कहा जा सकता है, क्योंकि आम तौर पर पार्ट टाइम नौकरी में दो सप्ताह का नोटिस दिया ही नहीं जाता। चाहे जो हो, उसने यह कर दिया, लेकिन उसने अपने सुपरवाइज़र को जो बताया (जो दबंग नहीं था) और जब सुपरवाइज़र ने मैनेजर को सचमुच बताया (जो दबंग थी), उसके बीच संवाद की गड़बड़ी हो गई और तब तक दो सप्ताह की समयसीमा काफ़ी गुज़र चुकी थी। अब यह बात समझ लें कि उसने अपना नोटिस छुट्टियों के पहले इसलिए दिया था, ताकि वह इस बार अपने परिवार के साथ ईस्टर मना सके। उसकी मैनेजर ने उसे अपने ऑफ़िस में बुलाकर कहा कि उसे ईस्टर पर काम करना होगा, क्योंकि उसे (दबंग मैनेजर को) सुपरवाइज़र ने यह बात उसी दिन बताई थी - जबकि कई

दिन गुज़र चुके थे। याद रहे, ब्रिट ने संवाद की गड़बड़ी को स्पष्ट करने की कोशिश की, लेकिन वह दबंग औरत यह सब सुनना ही नहीं चाहती थी। मैं सचमुच सोचता हूँ कि उसे डराना और धौंस दिखाना पसंद था। बीमार मानसिकता। जब मेरी पत्नी बेटी को लेने गई, तो बेटी रो रही थी। अच्छी बात यह है कि ऐमी ने कार नहीं मोड़ी और मैनेजर से "मिलने" नहीं गई! ऐमी बहुत ही मृदुभाषी और शांतिप्रिय क़िस्म की महिला हैं। जब तक कि आप उनके बच्चों के साथ कोई गड़बड़ न करें। मुझे यह देखने में मज़ा आता! लेकिन वे नहीं गईं। वे घर लौटीं और उन्होंने यह कहानी मुझे बताई। मैं भी झगड़े-फ़साद में बहुत दिलचस्पी नहीं रखता हूँ, लेकिन यह हमारी बेटी का सवाल था। मैंने फ़ोन उठाया और सीधे मैनेजर से पूछा कि उसने ब्रिट को क्यों सताया - वह एक पार्ट टाइमर थी, इसलिए मैनेजर जानती थी कि वह उसे आसानी से धौंस दे सकती है और इस वजह से वह रो पड़ी! कुछ लचर बहाने बनाने के बाद और यह पहचानने के बाद कि मुझ पर उसकी चिकनी-चुपड़ी बातों का असर नहीं हो रहा था, उसने फ़ोन रख दिया। अच्छा। मैं उसे दोबारा फ़ोन किया। उसने फ़ोन उठाया और हम इस बात को यहीं ख़त्म कर देंगे।

जीवन में हम जोड़ने वालों, घटाने वालों, विभाजित करने वालों और बहुगुणित करने वालों के संपर्क में आएँगे। मैं इसे लोगों का गणित कहता हूँ।

जोड़ने वाले - लोगों के मूल्य को बढ़ाते हैं; वे संबंधों को बढ़ाते हैं और दूसरों के ज़रिये नहीं, बल्कि उनके साथ काम करके टीम के प्रदर्शन को बेहतर बनाते हैं।

घटाने वाले - सिर्फ़ नकारात्मक पहलू को ही देखते हैं; वे इंगित करते हैं कि आपके और स्थिति के साथ क्या ग़लत है - सक्रियता से और इससे भी बदतर, निष्क्रियता से; वे हर संबंध से कुछ कम कर देते हैं - हालाँकि आम तौर पर यह इरादतन नहीं होता - यह तो बस उनका स्वाभाविक नज़रिया होता है। वैसे यह बहाना नहीं चलेगा। हम सभी इस बारे में ज़्यादा जागरूक बन सकते हैं कि हम अपने आस-पास के लोगों को किस तरह प्रभावित करते हैं।

विभाजित करने वाले - ये लोग वही करते हैं, जो घटाने वाले करते हैं, लेकिन वे ऐसा इरादतन करते हैं; वे इसकी योजना बनाते हैं - आम तौर पर अपने स्वार्थपूर्ण उद्देश्यों से। वे परिवारों, टीमों और संस्कृतियों में ज़हर घोल देते हैं।

बहुगुणित करने वाले - ये लोग न सिर्फ़ संबंधों का विकास करते हैं, बल्कि वे दूसरों का भी विकास करते हैं, जो बदले में टीम का और अपने आस-पास के संबंधों का विकास करते हैं। उनके प्रभाव से सकारात्मक परिवर्तन और विकास तब भी होता रहता है, जब वे आस-पास नहीं होते।

आप इनमें से कौन से हैं?

अंदाज़ा लगाना चाहेंगे कि वह दबंग महिला इस सूची में कहाँ आती है? देखिए, यह बरसों पहले की घटना थी, इसलिए हम उम्मीद करते हैं कि उसकी श्रेणी बदल गई होगी।

9

इसके स्वामी बनें

शब्द साकार हो जाते हैं।

मैंने कुछ समय पहले एक विज्ञापन देखा। एक शब्द के चयन पर मैं चिहुँक गया – "नहीं कर सकता।" यह विज्ञापन कार चलाते समय टेक्स्ट मैसेज भेजने के बारे में था। ज़ाहिर है, यह इसके ख़िलाफ़ एक और मुहिम छेड़ रहा था। इसमें कोई समस्या नहीं थी। शायद हम कोई ऐसा एप भी बना सकते हैं, जो कार की गतिविधि की निगरानी करे और जो भी ग़लत समय पर टेक्स्ट भेजने की कोशिश करे, उसे कसकर चाँटा जड़ दे! मुझे समस्या शब्दों के चयन से थी, क्योंकि इसमें कहा गया था कि लोग अपने फ़ोन को नीचे "नहीं रख सकते।" यह घिसी-पिटी बात लग सकती है, लेकिन हमारे प्रतिमान के साथ थोड़ी गड़बड़ है, अगर हम उस शब्द का चयन करें या उस पृष्ठभूमि में उसे सुनें, लेकिन इसमें छिपे अर्थ को न समझ पाएँ।

नहीं कर सकता। इससे बेहतर यह होता, नहीं करूँगा। अब यह ज़्यादा सही लगता है।

एक शब्द का मतलब यह निकलता है कि हम शिकार हैं। यह हमारे नियंत्रण के बाहर है। हमें उन चीज़ों में दरअसल कितनी सफलता मिल सकती है, जो हमारे नियंत्रण के बाहर हैं? व्यवहार बदलने के लिए यह ख़राब प्रतिमान (paradigm) है।

दूसरे शब्द का मतलब यह है कि हम इसके स्वामी हैं। इसका नियंत्रण हमारे हाथ में है। जो चीज़ें हमारे नियंत्रण में हैं, उनमें दरअसल हमें कितनी सफलता मिल सकती है? ढेर सारी! यह व्यवहार बदलने का सही प्रतिमान है।

अगले कुछ दिनों तक अपने शब्दों पर ग़ौर करें। कितनी बार आप ऐसे शब्द चुनते हैं, जिनमें आप स्वामित्व लेने से इंकार कर देते हैं, नियंत्रण त्याग देते हैं और आपको शिकार बना देते हैं? अगर हममें हर शब्द को रिकॉर्ड करने और "खोजने तथा बदलने" की क्षमता होती, तो मैं सोचता हूँ कि बहुत सारा सकारात्मक परिवर्तन हो जाता! मेरा सुझाव है कि आप अगले 30 दिनों तक इस एक वाक्यांश को खोजें और बदलें - नहीं कर सकता को नहीं करूँगा में बदल लें। शब्दों को बदल लें और इसके बाद परिणाम अपने आप बदलने लगेंगे।

ध्यान रखें, हमारे शब्द हमारे कार्यों से पहले आते हैं। हम सोचते हैं। हम कहते हैं। हम करते हैं। फिर दोबारा सोचते हैं। अपनी सोच को बदलना हालाँकि अत्यंत महत्त्वपूर्ण होता है, लेकिन कई बार यह फिसलन भरा काम हो सकता है। इसलिए शायद व्यवहार को प्रभावित करने का सबसे अच्छा तरीक़ा अपने शब्दों को बदलना है - इससे हमारे कार्य बदल जाएँगे और अंततः इस घुमावदार तरीक़े से हमारी सोच भी बदल जाएगी।

आगे से अपने शब्दों में स्वामित्व के साथ बोलें। शिकार की तरह नहीं, विजेता की तरह बोलें।

10

तैयारी और अवतरण

गोली चला दो! इसे कर दो! आगे बढ़ो! इसे संभव कर दो! बेहतरीन मंत्र। कई बार वे वाक़ई असरदार होते हैं। लेकिन अक्सर, इनमें किसी बहुत महत्त्वपूर्ण चीज़ की कमी रह जाती है। सही तैयारी।

क्रिसमस की शाम थी और स्लेज छोटे टिमी को उसके तोहफ़े देने के लिए उसके मकान की तरफ़ जा रही थी। इकलौती समस्या था वेन, जो 227 साल का विचारमग्न पशु चिकित्सक था, जिसने तैयारी के अपने मिशन से निगाहें हटा ली थीं : सांता के आगमन के घर को तैयार करना। जैसा आप समझ सकते हैं, मैं *प्रेप ऐंड लैंडिंग* का ज़िक्र कर रहा हूँ, जो 2009 में आया एक प्रिय कंप्यूटर एनिमेटेड स्पेशल था। यह शो दरअसल तैयारी की शक्ति के बारे में नहीं है, लेकिन इशारा स्पष्ट है। उचित तैयारी के बिना मिशन ख़तरे में पड़ जाता है और अक्सर असफल हो जाता है। वेन का ध्यान उसके मिशन - तैयारी और अवतरण - से भटककर उसके प्रमोशन पर चला गया, जो उसे नहीं मिल पाया था। इसलिए मिशन के दौरान वह अपने ख्यालों में डूबा रहा और उसकी एकाग्रता भंग हो गई। सौभाग्य से उसके हास्यास्पद, नौसिखिये साझेदार लैनी ने उसे पटरी पर लौटाने में मदद की और आख़िरकार टिमी को उसके तोहफ़े मिल गए। वाह!

सही तैयारी ही कुंजी है। ज़्यादा तेज़ गति वाले, ज़्यादा तेज़ काम करने वालों को इसमें ज़बरदस्त धीरज की ज़रूरत होती है। जो लोग दूसरी तरह के हैं - विस्तृत, हर क़ीमत पर सही करने वाले - उनके लिए यह वह नर्म बालू हो सकती है, जो हमें अपना तीर चलाने से रोकती है।

मैंने सुना है कि क़िस्मत वह जगह है, जहाँ अवसर और तैयारी मिलते हैं। कई बार अवसर आ जाता है, लेकिन हम तैयार नहीं होते। कई बार हम तैयार होते हैं, लेकिन फिर भी अवसर पर नहीं कूद पाते हैं। यह एक अलग चुनौती है...

अपने जीवन में ज़्यादातर समय मैं इस तैयारी वाली चीज़ से जूझा हूँ। यह कुदरती रूप से मेरे पास नहीं है, इसलिए मुझे काम पूरा करने के बारे में बहुत सोच-विचार करना पड़ता है। योजना बनाने के लिए समय तय करना और उस इरादे पर अमल करने के लिए जवाबदेह बनना मेरे लिए एक साप्ताहिक प्रयास होता है - जिसमें मैं पिछले बरसों के मुक़ाबले अब ज़्यादा जीतने लगा हूँ। मैं यह काम जितना ज़्यादा करता हूँ, इसमें उतना ही बेहतर बनता जाता हूँ। मेरे पास मदद करने के लिए एक तैयारी कराने वाली रॉक स्टार यानी मेरी पत्नी है। उनसे पूछ लें कि जॉर्जिया की सीमा पर आधी रात को हमारी कार की गैस कैसे ख़त्म हुई थी या जब हमारी शादी हुई-हुई थी, तब डीसी तक की कार यात्रा का हमारा अनुभव कैसा रहा था। उन्होंने उन मामलों में तैयारी का काम मेरे भरोसे छोड़ दिया था, जिस वजह से हमारे पास कुछ बहुत मज़ेदार कहानियाँ हैं! वैसे उस वक़्त वे बिलकुल भी मज़ेदार नहीं लगी थीं।

तैयारी।

क्या आप अगले सेल्स कॉल के लिए तैयार हैं? क्या आप आगामी कोचिंग सत्र के लिए तैयार हैं? क्या आप अगले प्रस्ताव के लिए तैयार हैं? क्या आप अगले दिन के लिए तैयार हैं, प्राथमिकताएँ सही जगह पर हैं, जिन्हें हासिल करने का आपके चरम लक्ष्य पर सबसे ज़्यादा प्रभाव पड़ेगा? क्या आपके पास सफल आज और सफल कल के लिए योजना तैयार है?

आपने इसे पहले सुना है और आप इसे दोबारा सुनेंगे। अपने काम की योजना बनाएँ, फिर अपनी योजना के हिसाब से काम करें। योजना पहले आती है। फिर उस पर अमल करने का समय आता है।

11

प्रस्तुति काम पूरा करने जितनी महत्त्वपूर्ण नहीं है

आपने यूट्यूब, फ़ेसबुक और पिन्ट्रेस्ट पर उन बेहतरीन वैवाहिक प्रस्तावों को देखा है! आप उनके बारे में जानते हैं - ख़ास तौर पर पुरुष। ये पागलपन भरे सृजनात्मक और रूमानी विवाह प्रस्ताव हमें (कमतर पुरुषों को) कुन्नू (putz) जैसा महसूस कराते हैं। मुझे पक्का नहीं पता कि ऐसा कोई शब्द भी होता है, लेकिन यह उस अहसास का सही वर्णन लगता है। एक बार समुद्री सैर पर सारे यात्री डिनर कर रहे थे। मैंने देखा कि डिनर करने वाली पूरी भीड़ के सामने एक आदमी ने एक लड़की के लिए एक गीत गाया और इसके अंत में वैवाहिक प्रस्ताव रख दिया। सारी महिलाएँ पूरी तरह से बौरा गईं और सारे पुरुष बगलें झाँकने लगे। वे ताबड़तोड़ वहाँ से बाहर निकलना चाहते थे। पूरी तरह से कुन्नू। जिस आदमी ने प्रस्ताव रखा था - न सिर्फ़ वह साहसी था और उसकी आवाज़ अच्छी थी, बल्कि वह अच्छा दिखता भी था, स्मार्ट और आत्म-विश्वासी था। उससे प्रतिस्पर्धा करना मुश्किल था।

मैंने इसे बिक्री में भी देखा है - वह कल्पनाशील और यादगार प्रस्ताव, जो संभावित ख़रीदार को वाह! वाह! करने के लिए मजबूर कर देता है। इस तरह की सृजनात्मक नीति, जिसमें वे संभावित ग्राहक को इस पत्र के साथ एक जूता भेजते हैं कि वे दरवाज़े में "दूसरा पैर" डालना पसंद करेंगे। कल्पनाशील, सृजनात्मक, भिन्न - वे सभी!

मैं नहीं जानता कि ऐसे प्रस्तावों का लंबे समय में क्या हश्र होता है। यह पता लगाना रोचक होगा। मैं जानता हूँ कि मैं जिस तरह के विवाह प्रस्तावों के बारे में सुनता हूँ, मेरा विवाह प्रस्ताव उनके मुक़ाबले काफ़ी लचर था। जहाँ तक मेरी बिक्री नीति का सवाल है - मैं आम तौर पर फ़ोन उठाकर सीधे-सीधे बात कर लेता हूँ। बोरिंग। मुझे ग़लत न समझें - जोश और समर्पण वहाँ होते हैं; मैं बस अनुभव को अहा! बनाने के लिए सारी सहायक सामग्रियों का इस्तेमाल नहीं करता हूँ। वैसे मैं काम पूरा ज़रूर करता हूँ।

विवाह में मेरा लक्ष्य उन वादों को लगातार निभाना है, जो मैंने ऐमी से किए थे - उस पहले दिन, विवाह की वेदी पर। इसका मतलब यह नहीं है कि सृजनात्मकता की कोई जगह नहीं है। इसकी निश्चित रूप से जगह है। लेकिन जब मैं उस दाएँ मस्तिष्क वाली सोच के साथ सारे समय संघर्ष करता हूँ, तो मैं यह सुनिश्चित करता हूँ कि मैं अपने विवाह में छोटी चीज़ों के बारे में एकरूप बना रहूँ - उनके लिए दरवाज़ा खोलना, उनके साथ रहते वक़्त सचमुच "उपस्थित" तथा संलग्न रहना और अंततः उनके साथ उस तरह व्यवहार करना, जिस तरह का व्यवहार वे चाहती हैं - जिससे उन्हें अपने तथा हमारे वैवाहिक जीवन के बारे में सर्वश्रेष्ठ महसूस होता है।

यह बिक्री में भी इतनी ही अच्छी तरह काम करता है। ग्राहक को अहा! अनुभव प्रदान करने के लिए स्वतंत्र महसूस करें। लेकिन छोटी चीज़ों में कभी चूक न करें - संपर्क में रहना, मूल्य में वृद्धि करना, अपने शब्दों के हिसाब से काम करना, शिष्ट और सम्मानजनक बनना।

यदि आप सृजनात्मक हैं और आपने वह उल्लेखनीय प्रस्ताव दिया है - तो यह बेहतरीन है! सच्ची! मैं बस इसके बारे में जानना नहीं चाहता हूँ! इस दौरान बस यह सुनिश्चित करें कि आप छोटी चीज़ों के मामले में एकरूप बने रहें - वे छोटी चीज़ें जो समय के साथ संचित होकर बड़ी चीज़ें बन जाती हैं। यही गहरे सम्मान और निष्ठा की ओर ले जाता है। प्रेम एक क्रिया - एक कार्य - है और यह हर दिन संचित होता है।

12

शांत नेतृत्व

क्या आप लीडर हैं?

मेरी पत्नी (मैं उन्हें ऐमी कहूँगा, क्योंकि यही उनका नाम है) निश्चित रूप से कहेंगी कि वे लीडर नहीं हैं। लेकिन उनकी बातों पर न जाएँ; इस मामले में वे सही नहीं बोल रही हैं।

बरसों पहले ऐमी एक होमस्कूल को-ऑप में थीं, जिसमें 40-50 परिवार शामिल थे। वे एक स्थानीय चर्च में हर पखवाड़े एक बार एक नियमित स्कूल दिन चलाते थे। वे हर शरद और वसंत में कक्षाओं की योजना बनाते थे, समयसारणी तैयार करते थे, विद्यार्थियों और शिक्षकों की सूची बनाते थे, पाठ योजना बनाते थे, गलियारों की निगरानी करते थे और आचरण के नियम बनाते थे। वे बच्चों के नाटकों, प्रदर्शनों और अन्य कार्यक्रमों की योजना बनाते थे और उन्हें संचालित करते थे। वे अनुदान संचय कार्यक्रम, को-ऑप फ़ंड और व्यय की योजना भी बनाते थे। वे को-ऑप का प्रचार करते थे और इसके नए सदस्य बनाते थे। वे नेतृत्व भूमिकाएँ और ज़िम्मेदारियाँ तय करते थे तथा नियमित रूप से टीम की बैठकें करते थे।

जब संचालक ने अपना पद छोड़ने का फ़ैसला किया, तो नेतृत्व टीम में से कोई भी वह पद नहीं चाहता था, जिनमें ऐमी भी शामिल थीं। उन चारों ने सामूहिक नेतृत्व करने का निर्णय लिया। देखिए, इस तरह की योजना शायद ही कभी इरादे के मुताबिक़ काम करती है। जैसा संभवतः आपने अंदाज़ा लगा लिया होगा, ऐमी

स्वाभाविक रूप से ऊपर उठकर अनधिकृत संचालक बन गईं। ऐसा इसलिए नहीं हुआ क्योंकि दूसरे लोग अक्षम थे, बल्कि इसलिए हुआ क्योंकि उनकी शक्तियाँ दूसरे क्षेत्रों में थीं। चाहे टीम के सामने कोई समस्या हो या व्यक्तिगत स्तर पर, वे सलाह लेने के लिए ऐमी के ही पास आते थे। जब स्वप्न और भावी सोच की बात आती थी, तो आम तौर पर ऐमी ही आगे बढ़कर विचार, परिवर्तन और रणनीति प्रदान करती थीं। उन्हें कभी डायरेक्टर का पदनाम नहीं मिला। वे आज तक यही कह रही हैं कि वे लीडर नहीं थीं। लेकिन बाहर से अंदर देखने पर वे थीं और यह हर व्यक्ति के लिए अच्छा था।

हॉलीवुड में लीडर का चित्रण इस तरह किया जाता है कि वह बहिर्मुखी होता है, स्व-प्रेरित होता है, शक्तिशाली होता है, निर्णयशील होता है, बहुत महत्त्वाकांक्षी होता है। यह कई मामलों में निश्चित रूप से सच भी है। चूँकि इस तरह के लीडर पर इतनी रोशनी डाली जाती है कि हमें यह ग़लतफ़हमी हो सकती है कि लीडर ऐसा ही होता है। मुझे यक़ीन है कि ऐसे बहुत से लीडर होते हैं, जो खुद को इस तरह से नहीं देखते हैं, न ही वे देखना चाहते हैं। वे शांत लीडर होते हैं, जिनकी रुचि पारंपरिक लीडर की भूमिका की चकाचौंध या धूमधड़ाके में नहीं होती। लेकिन ज़िम्मेदारी के अहसास, उनके समकक्षों के बीच उनके सम्मान के स्तर और उनके स्वप्न की बदौलत वे सामने खड़े होकर अक्सर "नेतृत्व" करेंगे, कई बार तो विरोध में चीख़ते-चिल्लाते हुए भी।

नेतृत्व प्रभाव है, जैसा जॉन मैक्सवेल कहते हैं। प्रभाव बहिर्मुखी या बहुत महत्त्वाकांक्षी लोगों की बपौती नहीं है। प्रभाव सम्मान का मामला है – हमारे आस-पास के लोगों का सम्मान – चाहे यह कैसे भी मिलता हो। यह सम्मान लोगों का ध्यान खींचता है और ध्यान ही वह जगह है, जहाँ प्रभाव शुरू होता है।

13

चयन की भाषा

एक बेहतरीन शिक्षण साधन की बदौलत मुझे यह समझ आया कि मुझे अँग्रेज़ी की कक्षा में जो पढ़ाया गया था, लोग संवाद की भाषाओं में उससे कहीं ज़्यादा भ्रांतिजनक तरीक़े से व्यवहार करते हैं। दक्षिण कोरिया में पैदा होने के कारण मैं केवल 4 कोरियाई शब्द जानता हूँ; लेकिन जब मैंने व्यवहार को समझना सीखा, तो मैंने पाया कि दरअसल संदेश शब्दों से संप्रेषित ही नहीं होता था।

निश्चित रूप से, दो बिलकुल अलग-अलग भाषाएँ प्रभावी संवाद की राह में बड़ी बाधा हो सकती हैं; लेकिन ईमानदारी से कहें, तो एक ही सांस्कृतिक भाषा बोलने वाले ज़्यादातर लोग भी संवाद में भारी बाधाओं का अनुभव कर सकते हैं। हम संवाद की *अपनी शैली* के हिसाब से बोलते और काम करते हैं; हमारे मन में यह ख़याल आता ही नहीं है कि सामने वाला भी यही चीज़ करने की कोशिश कर रहा है – वह भी उसकी *ख़ुद की शैली* के हिसाब से संवाद कर रहा है। अगर हम उसकी शैली को नहीं सीखेंगे, तो हम उसे पूरे दिन नहीं समझ पाएँगे।

संवाद की गड़बड़ी से कंपनियों को हर साल अरबों डॉलर का चूना लगता है; परिवारों तथा वैवाहिक जीवनों में तो ऐसी क़ीमत चुकानी पड़ती है, जो पैसों में नहीं नापी जा सकती।

स्टीफ़न कवी ने अपनी बेस्टसेलिंग पुस्तक *अति प्रभावकारी लोगों की 7 आदतें* *(The Seven Habits of Highly Effective People)* में पते की बात कही थी। पाँचवीं

आदत कहती है, "पहले समझने की कोशिश करें, फिर समझाने की।" यही बेहतरीन संवाद की बुनियाद है – प्रभावी संवाद के लिए अपने हृदय और मस्तिष्क को सही दृष्टिकोण में रखें – यह समझने की कोशिश करें कि सामने वाला क्या चाहता है : समझ। एक बार जब हम इस निःस्वार्थ मानसिकता में आ जाते हैं, तो हम सीखने के उस साधन का इस्तेमाल कर सकते हैं, जिसने पिछले 25 सालों में मेरी बहुत ज़्यादा मदद की है।

वह औज़ार है एवरीथिंग डिस्क (Everything DiSC®)। इसमें लोगों की व्यवहार शैलियों को संवाद की 8 मिश्रित शैलियों में विभाजित किया गया है। ये शैलियाँ प्रवृत्ति के विभिन्न स्तरों और व्यवहार के 4 मुख्य बिंदुओं के मिश्रणों की वजह से अलग-अलग हैं। इसे सरल रखते हुए चार शैलियों में ये शामिल हैं :

1. प्रबल (Dominent - तेज़ गति और सुस्पष्ट/प्रश्नकर्ता और संदेहवादी)

2. प्रभावशाली (influence - तेज़ गति और सुस्पष्ट/स्वीकार करने वाला और स्नेहिल)

3. स्थिर (Steadiness - स्वीकार करने वाला और स्नेहिल/सावधान और विचारशील)

4. अंतर्विवेकशील (Conscientious - प्रश्नकर्ता और संदेहवादी/सावधान और विचारशील)।

हर शैली के शब्द भी अलग-अलग होते हैं। क्या आप पहचान सकते हैं कि नीचे दिए गए कौन से शब्द किस शैली का वर्णन करते हैं या ज़्यादा अहम बात, आपके जीवनसाथी की शैली, आपके सहकर्मी की शैली, आपके ग्राहक की शैली या आपके बच्चे की शैली को परिभाषित करते हैं? – चुनौती, प्रेरणा, कर्म, प्रोत्साहन, सहयोग, समर्थन, विश्वसनीयता और निष्पक्षता। उनके व्यवहार को कौन सी चीज़ प्रेरित करती है? यह जानने से फ़र्क़ पड़ सकता है।

मैं आपको संवाद के इस क्षेत्र में ज़्यादा सीखने, ज़्यादा समझने और ज़्यादा अमल करने के लिए प्रोत्साहित करता हूँ। इस पुस्तक को पढ़ने वालों में से कई ने डीआईएससी (DiSC) या एमबीटीआई (MBTI) या व्यवहार आकलन की कई अन्य तकनीकों के बारे में सुना होगा, लेकिन इसके बाद क्या हुआ? ज़्यादातर लोगों ने अपने व्यक्तिगत परिणाम पढ़ने में कुछ मिनट लगाए और फिर वही किया, जो हममें से ज़्यादातर लोग नई चीज़ें सीखने के बाद करते हैं। हमने इसे एक ड्रॉअर या फ़ाइल में रख दिया और दोबारा उस तरफ़ झाँका भी नहीं। हमारे पास ज्ञान तो था, लेकिन हमने उस पर अमल नहीं किया।

इस बार इसे दो क़दम आगे ले जाएँ : ज्ञान हासिल करें, हाँ; लेकिन फिर इसे बाहर निकालें और इस पर अमल करें, फिर इस पर अमल करते रहें - लगातार। समय के साथ यह आदतन व्यवहार बन जाएगा और पहले समझने की इच्छा वाली सही मानसिकता के साथ आप अपने संबंधों में अमूल्य बन जाएँगे - ऑफ़िस में भी और घर पर भी।

यह बनने लायक़ है।

ज़्यादातर लोग समझने के इरादे से सुनते ही नहीं हैं;
वे तो जवाब देने के इरादे से सुनते हैं।
—पॉल जे. मेयर

14

बोलना बंद करें!

एक वर्कशॉप के अंत में वक्ता से एक त्वरित प्रश्न पूछा गया। सत्र लगभग ख़त्म हो गया है, यह जानने के बावजूद उसने इस आख़िरी प्रश्न की अनुमति दे दी और फिर उसका जवाब देने लगा। रोचक बात यह थी कि वक्ता समय की स्थिति के बारे में जागरूक था और इस तरह की टिप्पणियाँ कर रहा था, "बस इस जल्दी ही समेटते हैं।" लेकिन इसके बावजूद वह लगातार बोलता रहा। मैं सोचता हूँ कि वक्ता दरअसल यह सोच रहा था कि उसकी कही बातें समय - हमारे समय - के सम्मान से ज़्यादा प्राथमिक या महत्त्वपूर्ण थीं। मुझे विश्वास है कि उस कमरे में केवल वही था, जो ऐसा महसूस कर रहा था।

निष्कर्ष यह है और मैं इसे ज़्यादा से ज़्यादा बार देखता हूँ : लोग बहुत ज़्यादा बोलते हैं!! इसके बाद वे बहुत कम प्रश्न पूछते हैं। अगर वे पूछते भी हैं, तो उनके प्रश्न आम तौर पर उनके ज़्यादा बोलने की भूमिका होते हैं!

मैं पेशेवर और व्यक्तिगत दोनों तरह की पृष्ठभूमियों के बारे में बोल रहा हूँ। मैं इस बात पर सदमे में रहता हूँ कि लोग बातचीत में कितनी सारी अनामंत्रित जानकारी देते हैं या कितने विस्तृत विवरण देते हैं। यह बिक्री संबंधी बातचीत में भी होता है, जबकि पेशेवर सेल्सपीपुल को फ़र्क़ पूरी तरह पता होना चाहिए।

कुछ समय पहले मैं एक पुराने परिचित से टकरा गया। हमने लगभग 15 मिनट तक बातचीत की और जानते हैं, उसने मुझसे कितने प्रश्न पूछे? एक भी नहीं!

क्या मैं इतना अरुचिकर या गया-गुज़रा हूँ? इस वाले प्रश्न का आप जवाब न दें! गंभीरता से कहें, तो शायद मैं उसके लिए बहुत रोचक था, क्योंकि मैंने उसे बोलने दिया, बोलने दिया और बोलने दिया। उसे बोलना बहुत प्रिय था। लेकिन क्या वह मेरे लिए रोचक था? बिलकुल नहीं।

तो यहाँ कुछ विचार दिए जा रहे हैं। एक : यह न मानें कि आप इतने ज़बरदस्त रोचक हैं कि आप लोगों पर शब्दों के बड़े टुकड़े उछालकर अव्वल आ सकते हैं। दूसरे : बोलते समय अपनी आँखों से सुनें – उनकी रुचि के स्तर के बारे में जागरूक बनें और उनके नज़रअंदाज़ करने से पहले अपनी बात पूरी कर लें। दूसरे शब्दों में, आप बोलना ख़त्म करें, उस समय लोगों में ज़्यादा सुनने की इच्छा होनी चाहिए, बाहर भागने की इच्छा नहीं होनी चाहिए! आख़िरी बात : प्रश्न पूछें। दूसरों से उनके बारे में बात कराएँ। उनसे सीखें। जो व्यक्ति बोल रहा है, वह सुन नहीं सकता।

वक्ता नहीं, श्रोता बनें। श्रोता वह है, जो महत्त्व देता है। लोग उसी तरफ़ जाते हैं, जहाँ वे महत्त्वपूर्ण महसूस करते हैं।

15

जादूगर न बनें

जादू करना, यह कितना शानदार होता है? जब चीज़ों को सचमुच करने की ज़रूरत होती है, तो आप उस अकेले इंसान के रूप में क़दम रखते हैं, जो उसे कर सकता है और करेगा। मोज़ेस की तरह, जिन्होंने इज़राइल वासियों का रेगिस्तान में नेतृत्व किया और अंततः उन्हें प्रतिश्रुत देश (Promise Land) तक पहुँचाया। सतह पर या शुरुआत में अच्छा लगता है। लेकिन जादूगर बनने के साथ समस्या यह है कि जब आप जाते हैं, तो जादू भी चला जाता है। जादूगर अपनी खुद की प्रतिभा का क़ैदी होता है। यह हमेशा अच्छा नहीं होता।

एक्सोडस का अध्याय पढ़ने पर आप पाएँगे कि मोज़ेस तब तक जादूगर थे, जब तक कि बहुत बुद्धिमान जेथरो ने उन्हें सीधा रास्ता नहीं दिखाया। जेथरो मोज़ेस के ससुर थे। उन्होंने देखा कि इज़राइल के लोग अपनी सारी समस्याएँ और विवाद मोज़ेस के सामने ला रहे थे और उनसे इन मामलों में निर्णय लेने का आग्रह कर रहे थे। सभी लोगों के न्यायाधीश बने रहने में ही मोज़ेस को "सुबह से शाम" हो जाती थी – और लोग बहुत सारे थे!

जेथरो ने इस सच्चाई को पहचाना कि यह काम एक व्यक्ति नहीं सँभाल सकता और उन्होंने मोज़ेस से कहा कि वे इज़राइल के समुदाय के कुछ लोगों को लीडर के रूप में सक्षम बनाएँ, जो काफ़ी हद तक मोज़ेस की तरह सुनना सीख सर्कें, सिखाना

सीख सकें और न्याय करना सीख सकें। समय के साथ इन लीडरों को लोगों की समस्याओं पर निर्णय करने के लिए चुना जाए और सिर्फ़ सबसे मुश्किल समस्याएँ ही मोज़ेस के सामने लाई जाएँ।

जेथरो ने मोज़ेस को सिखाया कि वे सफल जादूगर नहीं बन सकते, निश्चित रूप से दीर्घकाल में नहीं। उन्हें जादू को फैलाने की ज़रूरत थी – दूसरे लीडरों को सिखाकर और सक्षम बनाकर। एक ऐसा नेता, जो लीडरों का विकास करे, जो लीडरों को नेतृत्व करने के लिए उनका नेतृत्व करे। जादूगर बनना नहीं, बल्कि जादू को फैलाना। यही नेतृत्व है!

ईमानदारी से, हममें से कई लोग जादूगर बनना पसंद करते हैं। या हम दूसरों पर भरोसा नहीं करते हैं कि वे जादूगर बन सकते हैं। दोनों ही तरह से यह नेतृत्व का असफल दर्शन है। हममें से कोई भी कभी हम सब जितना अच्छा नहीं हो पाएगा। अच्छी तरह सक्षम बनाए गए लोग किसी थके-माँदे जादूगर से कहीं ज़्यादा हासिल कर सकते हैं।

16

सर्वनाम रहने दें!

वे कमज़ोर होते हैं।

वे परवाह की कमी दिखाते हैं।

वे अव्यक्तिगत होते हैं।

वे सर्वनाम होते हैं।

मुझे पहले यह कहना होगा कि मैंने इस बारे में कभी कुछ लिखा नहीं देखा... जिससे कुछ पता चलता है। लेकिन मुझे पक्का यक़ीन है कि वह छोटा सा उदाहरण बेहद महत्त्वपूर्ण है, जिसे मैं अगले कुछ अनुच्छेदों में बताऊँगा। वैसे मैं अपनी बात को सही कर देता हूँ; सर्वनामों के बारे में मेरी पत्नी की भी यही राय है। मुझे बस उन्हीं के समर्थन की ज़रूरत है।

अपनी लीडरशिप टीम की आख़िरी चर्चा के बारे में सोचें। आपके मैनेजर वहाँ आपके साथ थे। आप बातें कर रहे थे, नेतृत्व कर रहे थे, रणनीति बना रहे थे, चाहे जो कर रहे थे। जब आप अपने किसी लीडर का अप्रत्यक्ष ज़िक्र करने के बिंदु पर आए, तो आपने नाम लिया या फिर सर्वनाम का इस्तेमाल किया? थोड़ी देर रुकें। यह महत्त्वपूर्ण है, चाहे वे इस पर ग़ौर करें या न करें। क्योंकि किसी न किसी स्तर

पर हम करते हैं। हम सभी फ़र्क़ पर ग़ौर करते हैं। अगले कुछ आसान उदाहरणों में आइए हम यह मान लेते हैं कि हर व्यक्ति मौजूद है।

अगली कॉल पर *उन्हें* अपने साथ ले जाएँ। इसके बजाय, अगली कॉल पर *जॉन* को अपने साथ ले जाएँ।

आपको *उनसे* जल्द से जल्द रिपोर्ट्स की ज़रूरत पड़ेगी। इसके बजाय, आपको *जेन* से जल्द से जल्द रिपोर्ट्स की ज़रूरत पड़ेगी।

वे अपने विचार पेश करने जा रही हैं, फिर... इसके बजाय, *एन* अपने विचार पेश करने जा रही हैं, फिर...

इसके महत्त्व को कम न आँकें। मैं कई लीडरों को जानता हूँ, जो अक्सर यह ग़लती करते हैं। मैं जानता हूँ कि वे परवाह करते हैं। लेकिन उनके शब्द कई बार परवाह की कहानी नहीं बताते हैं।

शोध ने लगातार बताया है कि किसी व्यक्ति का नाम उसके लिए सबसे महत्त्वपूर्ण शब्द होता है। हमारा नाम अंतरंग तरीक़े से हमारी पहचान और इंसान के रूप में हमारे मूल्य से भी जुड़ा होता है। आप किसी व्यक्ति के नाम का इस्तेमाल करते हैं या नहीं और आपका इसका कैसे इस्तेमाल करते हैं, इससे आपके बारे में उनके अहसास पर गहरा प्रभाव पड़ता है।

नाम महत्त्वपूर्ण होते हैं।

जब बात आपके क़रीब के लोगों - आपके परिवार, आपकी टीम, आपके मित्रों - की आती है, तो इसे व्यक्तिगत बनाएँ, नाम लेकर बोलें।

17

एक क़दम पीछे हटें

कई बार आपको बस पीछे एक क़दम हटाना होता है। फिर आपको जो दिखता है, उसके लिए कृतज्ञ होना होता है।

ज़्यादातर समय हम अपने बच्चों, अपने वैवाहिक जीवन, अपनी नौकरियों और अपने जीवन को बस कुछ इंच दूर से देखते हैं। आप जानते हैं कि जब आप इतने क़रीब होते हैं, तो आपको हर चीज़ ग़लत दिखती है। हर दोष, हर गड़बड़ी, हर अनुचित चीज़, सही रास्ते से हुआ हर विचलन, तनाव की लकीरें और संघर्ष - यह हमारे निकट दृष्टिकोण की वजह से बढ़-चढ़कर दिखता है।

जब आप अपनी बहुत समय से बिना धुली कार को धुलाई के बाद देखते हैं या क्रिसमस की नई रोशनियों से जगमगाते अपने मकान को देखते हैं, तो आप कहाँ खड़े होते हैं? क्या आप उससे सटकर खड़े होते हैं या फिर आप पीछे हटकर थोड़ी दूर खड़े होते हैं - इतनी दूर कि सचमुच सही दृष्टिकोण मिल जाए?

यही सचमुच महत्त्वपूर्ण लोगों के साथ भी करना चाहिए। पीछे क़दम हटाएँ और थोड़ी दूर से अपने बच्चों को देखें। मेरी पत्नी और मैं यह कभी-कभार करते हैं - लेकिन पर्याप्त बार नहीं। दूसरे अभिभावकों की तरह ही हम भी बुरे निर्णयों, आलस, असम्मान आदि की वजह से कुंठित हो जाते हैं। लेकिन अंततः जब हम पीछे हटकर खड़े होते हैं और उस "उत्कृष्ट कृति" - हमारे बच्चे - को देखते हैं, जिस पर हम लगातार काम कर रहे हैं, तो हम जो देखते हैं, वह हमें सचमुच पसंद आता है। वे दोषों के बावजूद काफ़ी अच्छे हैं। वे दोष हममें भी होते हैं। ऐमी और मैं तो

दरअसल यह भी नहीं मानते कि हम सच्चे आर्किटेक्ट हैं। हम तो एक भव्य योजना में बस प्रशिक्षक हैं। सवाल यह है कि हम क्या प्रशिक्षण दे रहे हैं? बहुत ज़्यादा ग़ौर से ध्यान केंद्रित करने का परिणाम यह होगा कि हमारा ध्यान ग़लत जगह पर केंद्रित होगा और हम ग़लतियों को ही रेखांकित करेंगे। अगर हम एक क़दम पीछे हट जाते हैं, तो हमें सही दृष्टिकोण मिल जाएगा और हम सकारात्मक चीज़ों को देख पाएँगे। आप समझ गए होंगे कि मैं क्या कहना चाह रहा हूँ!

क़दम पीछे कैसे हटाएँ? देखिए, एक चीज़ तो यह चुनें - अक्सर जागरूक बनें और निर्णय लें। एक और तरीक़ा अपने परिवेश को बदलना है। अपने और बच्चों के लिए सैर-सपाटे की कोई बेहतरीन जगह खोजें। कोई ऐसी जगह, जहाँ आप एक दूसरे को जीवन की सामान्य दिनचर्या से बाहर देख सकें, जहाँ आप जुड़ सकें और विचार कर सकें। मैं कुछ समय पहले एक मित्र से मिला, जिसने इस बारे में बताया। वे राज्य के एक दूरस्थ हिस्से में सैर-सपाटे के लिए गए थे। उसकी पत्नी इसे चाहती थी और वह नहीं चाहता था - उसने कहा कि वे कभी नहीं जाएँगे, लेकिन बरसों बाद वह सोच रहा है कि वह कितना कृतज्ञ है कि वह अपनी पत्नी की समझदारी के सामने झुक गया। यह उनके परिवार की ऐसी परंपरा बन चुकी है, जो दृष्टिकोण को बढ़ावा देती है - सही दृष्टिकोण को। हम हर शरद ऋतु में फ़ॉक्सवैगन में एक सप्ताह गुज़ारकर अपने परिवार में भी यही चीज़ कर रहे हैं - पिछले 14 साल से। हमारे बच्चे इस समय और जगह का आनंद किसी दूसरे सैर-सपाटे से ज़्यादा लेते हैं - जिसमें समुद्र तट शामिल है!

यदि इस पल सैर-सपाटे का विकल्प मौजूद न हो, तो कैल्गन स्नान करने का सुझाव देते हैं। शायद आप शुरुआत में यह भी कर सकते हैं।

पीछे हटते वक़्त कृतज्ञ बनें। साल में वह एक दिन जब हममें सामूहिक रूप से कृतज्ञ हृदय के संदर्भ में सोचने की प्रवृत्ति होती है, हमें पता चलने से पहले ही यहाँ आ जाएगा। एक साथ कटु और कृतज्ञ बनने की कोशिश करके देखें। आपकी यह कोशिश कामयाब नहीं होगी। इनमें से कोई न कोई एक जीत जाएगा। चुनाव आपका है। मैं कृतज्ञ बनने का चुनाव करता हूँ और जब मैं पीछे हटता हूँ, तो यह ज़्यादा आसान बन जाता है।

18

लेने वाले, व्यापारी और निवेशक

बरसों पहले मैंने एक बेहद सफल व्यवसायी को अपनी नेतृत्व यात्रा की एक कहानी बताते हुए सुना। उसने कहा कि उसके डैडी के एक कथन ने उसकी सफलता के मार्ग को पूरी तरह बदल दिया था। यह आदमी अपने डैडी के साथ व्यवसाय कर रहा था। वह व्यक्तिगत और पेशेवर विकास के लिए लीडरों का संगठन बना रहा था। वह समय-समय पर बैठकें आयोजित करता था, ताकि उन लीडरों को अपना व्यावसायिक विचार बता सकें, जिनके उस मिशन से जुड़ने की संभावना थी। वह केवल उन्हीं बैठकों में जाता था, जब उसे व्यक्तिगत स्तर पर कुछ हासिल होता हो - जैसे जिन्हें वह आमंत्रित करता था, उनके ज़रिये उसके संगठन का विस्तार होता हो। अगर कोई व्यक्तिगत तौर पर भाग नहीं ले रहा होता था, तो वह भी नहीं जाता था। अंततः उसके डैडी उसे एक तरफ़ ले गए और उससे कहा, "तुम स्वार्थी और सिर्फ़ लेने वाले हो।" आपको अपने डैडी से यह सुनना कितना पसंद आएगा, ख़ास तौर पर अगर आप उनके व्यवसाय का हिस्सा हों?

कुछ समय पहले मैंने एक ऑडियो में वक्ता को ऐसी ही बात बताते सुना, लेकिन उसने इसे ज़्यादा विस्तार से कहा। उसने कहा कि लोग तीन श्रेणियों में से किसी एक में आते हैं :

1. **लेने वाले** - ये लोग वह करते हैं, जो लेबल कहता है और जो ऊपर बताए गए उदाहरण में वह व्यक्ति कर रहा था - वे लेते हैं। वे देते नहीं हैं। वे

सिर्फ़ लेने के लिए सामने दिखते हैं। वे सिर्फ़ तभी बोलते हैं, जब उनकी बात सुनी जाए। यह उनके और सिर्फ़ उनके बारे में है।

2. **व्यापारी** – ये लोग *शर्त* के साथ देते हैं। व्यापारी हमें और कई बार ख़ुद को भी मूर्ख बनाने की कोशिश करते हैं। वे मदद करेंगे, लेकिन सिर्फ़ तभी, जब इसका प्रतिफल मिले। कुछ इसके बारे में स्पष्ट होते हैं; बाक़ी बस हिसाब रखते हैं और मेरा यक़ीन मानें भुगतान देर-सबेर करना ही पड़ता है। रोचक बात यह है कि मैं लेने वाले को व्यापारी से ज़्यादा पसंद करूँगा। कम से कम लेने वाले अपनी रुचि के बारे में स्पष्ट तो होते हैं।

3. **निवेशक** – ये लोग देते हैं और अक्सर पाते हैं; वे बस पाने की योजना नहीं बनाते हैं या इसे शर्त नहीं बनाते हैं। एक तरह से प्रतिफल का अभाव अपने आप में ख़ुद एक उपहार होता है। वे संबंध, उद्देश्य या अवसर में निवेश करते हैं। निवेशक शब्द से यह सुझाव मिलता है कि प्रतिफल मिलेगा, लेकिन उस प्रतिफल की कोई गारंटी नहीं होती है, न ही प्रतिफल के स्तर की गारंटी होती है। ये बिना शर्त वाले, निःस्वार्थ लीडर होते हैं, जिन्हें आप अपने संगठन और अपने जीवन में चाहते हैं। सर्वश्रेष्ठ विवाह निवेशकों के साथ किए जाते हैं। सर्वश्रेष्ठ व्यवसाय निवेशकों से बनते हैं। सर्वश्रेष्ठ टीमें निवेशकों के साथ फलती-फूलती हैं।

इस साल आइए निवेशक बनने के प्रति समर्पित हों। आइए दूसरों को दें और दोबारा दें। आइए लोगों में, ख़ुद में भी निवेश करें। आइए अपने विवाह, अपने बच्चों, अपनी टीमों, अपने समाज, अपने चर्च में निवेश करें। आइए हिसाब रखना छोड़ें।

मैंने एक स्थानीय नेतृत्व कार्यक्रम में आन्टी एन्स प्रेटज़ल्स की एन बीलर को बोलते सुना था। उनकी एक ख़ास बात मेरे दिमाग़ में अटक गई। उन्होंने कहा था, "दें, पाने के लिए, दोबारा देने के लिए।" यह काफ़ी हद तक निवेशक मानसिकता का सार है।

19

परिवर्तन की सुविधा

यदि परिवर्तन सुविधाजनक है, तो आप इसे ग़लत कर रहे हैं।

जैसा आप पहले ही पढ़ चुके हैं, मेरा बेटा मिचल एक टेनिस खिलाड़ी है। वह इससे प्रेम करता है। वह बहुत जल्दी सीखता है, जब तक कि उसके डैडी कोचिंग न दे रहे हों। सच कहूँ, तो इस बिंदु पर मेरा बेटा मुझे ज़्यादा अच्छी कोचिंग देता है।

एक दिन वह मेरी सर्व (serve) सुधारने में मेरी मदद कर रहा था - पकड़, मुद्रा, पैर, गतिविधि, बॉल उछालना और लीवरेज - कुछ छोटी-छोटी चीज़ें, जिन सभी पर एक साथ विचार करना होता है! जब हमने मेरी सर्व को सही करना सचमुच शुरू किया, तो उसने मुझे जो पकड़ दिखाई, वह अजीब थी और मैंने अपने सर्वश्रेष्ठ सूक्ष्म अंदाज़ में शिकायत की। आप भी इसे करने का तरीक़ा बख़ूबी जानते हैं - आप एक मुस्कान के साथ शिकायत करते हैं - इस तरह ऐसा लगता है जैसे आप मज़ाक़ कर रहे हैं, लेकिन आप यह बात दर्ज करा देते हैं कि आप इसे पसंद नहीं करते हैं! देखिए, जब मैंने अपनी सूक्ष्म शिकायत की, तो उसने एक बहुत अच्छी सलाह दी। इस 14 साल के किशोर ने गंभीरता से मुझसे कहा, "डैडी, अगर परिवर्तन सुविधाजनक है, तो आप इसे ग़लत कर रहे हैं।"

वाह! यह बात मेरे दिल में उतर गई, हालाँकि मैं यह नहीं कह सकता कि पिछले कुछ सप्ताहों से मैं मन ही मन बहस नहीं कर रहा हूँ। मैं 47 साल का हूँ।

मैं "आदर्श" सर्व की परवाह क्यों करूँ? मैं परवाह इसलिए करता हूँ – अगर किसी दूसरे कारण से नहीं, तो इसलिए क्योंकि सही प्रशिक्षण स्वीकार करना मेरे बेटे के लिए काफ़ी बेहतर मिसाल होगी!

टेनिस कोर्ट पर परिवर्तन को लेकर मेरा व्यक्तिगत संघर्ष एक तरफ़ रख दें, तो सलाह एकदम सटीक है। हम कितना परिवर्तन करने को तैयार होते हैं? क्या हम सिर्फ़ इतना फ़ेरबदल करते हैं कि हम ज़्यादा "आरामदेह" स्तर तक पहुँच जाएँ? यदि हम ऐसा करते हैं, तो हम ख़ुद को उन असली पुरस्कारों से वंचित कर लेते हैं, जो सही और निरंतर परिवर्तन से मिलते हैं।

क्या आप टेनिस खेल में बेहतर बनना चाहते हैं? वेतनवृद्धि चाहते हैं? बेहतर, ज़्यादा पुरस्कारदायक करियर चाहते हैं? क्या आप एक बेहतर विवाह चाहते हैं? अपने जीवन के अहम लोगों के साथ बेहतर संबंध चाहते हैं?

परिवर्तन। आराम या सुविधा के अपने स्तर तक ही फ़ेरबदल न करें; इसे उचित कोचिंग और मनचाहे चरम पुरस्कार के साथ सामंजस्यपूर्ण बनाएँ।

वैसे मेरी सर्व अब बेहतर होने लगी है। कल कोर्ट पर अच्छी प्रगति दिखी। धन्यवाद, दोस्त।

20

पागलपन भरा चक्र

उसने जो कहा था, वह बहुत समझदारी भरा लग रहा था। वह थका हुआ था, बेडौल था और तनावग्रस्त था। जब आप ऐसा महसूस कर रहे हों, तो व्यायाम खिड़की से बाहर चला जाता है और ख़राब खाना आसान हो जाता है, क्योंकि देखिए, यह आसान होता है। ज़्यादा आरामदेह भोजन और कम व्यायाम का नतीजा आप जानते हैं! ज़्यादा चौड़े कूल्हे, ज़्यादा मोटा पेट, धीमा चयापचय, कम ऊर्जा और ज़्यादा तनाव! गणित का सिद्धांत क्या है? दो नकारात्मक मिलकर एक नकारात्मक में बदल जाते हैं। यह पागलपन भरा चक्र है।

किसी बिंदु पर पागलपन भरे चक्र को उलटने की ज़रूरत होती है और इसे थी।

हाई स्कूल में मुझे एक लत थी। आपने सही पढ़ा, मुझे एक लत थी। यह दौड़ने की लत थी। मैं इस बिंदु तक पहुँच गया कि हर दिन दौड़ना दाँतों पर ब्रश करने जैसा हो गया। यह बस एक ऐसी चीज़ थी, जो मैं हर हालत में करता था। एक असली आदत। दूसरी ओर, भोजन के मामले में स्थिति इतनी शानदार नहीं थी, लेकिन उस उम्र में इससे फ़र्क़ नहीं पड़ता था। पाचन शक्ति दमदार थी और 16 साल की उम्र में मैं इससे निबट सकता था।

यह आदमी अब हाई स्कूल में नहीं है। वह शादी-शुदा है, उसके बच्चे हैं और एक बहुत मेहनत वाली नौकरी है... आप समीकरण जानते हैं। हममें से ज़्यादातर लोग ऐसा ही जीवन जीते हैं। अगर हम सावधान न रहें, तो ये सारे कारण पागलपन

भरे चक्र में अटके रहने के उत्कृष्ट बहाने बन सकते हैं। मैं कारण इसलिए कहता हूँ, क्योंकि यही उन्हें होना चाहिए। हम जिस हद तक अपनी शारीरिक और मानसिक स्थिति को प्रभावित कर सकते हैं, उस हद तक हमारे परिवार, मित्र और करियर स्वस्थ बनने के अच्छे कारण हैं। है ना? मेरे लिए लक्ष्य सिर्फ़ जीवित रहना नहीं है; यह तो उत्साह, ऊर्जा और जोश के साथ जीवित रहना है। ताकि हम जिनसे प्रेम करते हैं, उन्हें हम ज़्यादा दे सकें - अभी और दीर्घकाल में।

तो आइए वहाँ ऊर्जा देने वाले चक्र की ओर चलते हैं।

मेरे मित्र पर वापस लौटते हैं। एक बात थी, जो मैं उसके बारे में जानता था : वह किसी भी चुनौती से निबट लेगा, बशर्ते वह सचमुच समर्पित हो जाए और उस व्यक्ति का सम्मान करता हो, जिसके प्रति वह जवाबदेह है। उसकी मानसिक संरचना ऐसी ही थी। उसकी सत्यनिष्ठा - जो कहो वही करो और जो करो वही कहो - उसके निर्णयों को शासित करती है। उसने मुझसे वादा किया और कहा कि वह अपनी पत्नी के साथ भी यही वादा करेगा - सप्ताह में तीन बार कम से कम 15 मिनट तक व्यायाम करना। उसने उसी दिन व्यायाम शुरू करने का निर्णय लिया और उसने किया।

मुझे आशा है कि उसे अंततः ऊर्जादायक चक्र का अनुभव होगा। जब आप लगातार व्यायाम करते हैं, तो आपका आहार बेहतर हो जाता है। जब आपका आहार बेहतर हो जाता है, तो आपके व्यायाम के परिणाम ज़्यादा तेज़ी से दिखने लगेंगे - आप काफ़ी बेहतर दिखेंगे और महसूस करेंगे - अंदर से भी और बाहर से भी। और जब आप बेहतर दिखते तथा महसूस करते हैं, तो आप ऐसे ही रहना चाहेंगे, इसलिए आप... आप तसवीर समझ गए होंगे। ऊर्जादायक चक्र।

अगर आपको किसी तरह की शंका हो रही हो, तो मैं यह बताना चाहूँगा कि मेरे मित्र को यह करते हुए कई सप्ताह हो चुके हैं और वह अपने वादे पर डटा हुआ है। उसने जवाबदेह बनने का विकल्प चुना और उसकी सत्यनिष्ठा उसके अस्थायी भाव से ज़्यादा शक्तिशाली है। वह इस बात पर ध्यान केंद्रित करता है कि वह व्यायाम कैसे कर सकता है; वह इस बारे में नहीं सोचता कि वह व्यायाम क्यों नहीं कर सकता। जल्दी ही उसे जवाबदेही की ज़रूरत नहीं पड़ेगी, क्योंकि जब ऊर्जावान चक्र सचमुच सक्रिय हो जाता है, तो उसकी प्रेरणा को स्वाभाविक रूप से खुराक मिलने लगेगी।

गणित का सिद्धांत क्या है? दो सकारात्मक मिलकर एक सकारात्मक में बदल जाते हैं।

तो फिर ऊर्जावान चक्र में पहुँच जाएँ। यह एक भव्य सवारी है!

21

कौन, कहाँ, क्या

जाड़े का भयंकर बर्फ़ीला तूफ़ान था। महिला थकी हुई थी, जब वह एक बड़े बर्फ़रोधी ट्रक के पीछे चली। उसने ख़ुद को समझाया कि उसके पिता भी ऐसा ही करते। इसलिए वह चलती रही, ट्रक के काफ़ी क़रीब और सावधानी से। अचानक ट्रक रुक गया। ड्राइवर बाहर निकला, उसकी कार तक आया और शीशा थपथपाया। जब महिला ने खिड़की खोली, तो ड्राइवर ने पूछा कि वह उसका पीछा क्यों कर रही है। उसने कहा कि उसके पिता ने हमेशा उससे कहा था कि अगर वह कभी बर्फ़ीले तूफ़ान में फँस जाए, तो बर्फ़रोधी ट्रक के पीछे चले। ड्राइवर घुरघुराया और चलते समय बोला, "देखो, मैंने वाल्मार्ट का काम निबटा लिया है। आओ, अब के-मार्ट की तरफ़ चलते हैं।"

हम सभी किसी न किसी का अनुसरण कर रहे हैं। स्पष्ट प्रश्न यह है किसका? लेकिन इससे भी ज़्यादा बड़ा प्रश्न है कहाँ? बरसों पहले मेरा मित्र कहा करता था कि हमारी आमदनी अपने जीवन के 5 सबसे ज़्यादा प्रभावशाली लोगों की औसत आमदनी होती है। मैंने इस कथन की वैधता की कभी जाँच नहीं की, लेकिन मैं निश्चित रूप से पृष्ठभूमि समझ गया। यह संभवतः दूसरी चीज़ों – जैसे हमारी आदतों – पर भी लागू होता है, जो हमारे जीवन के बाक़ी सभी क्षेत्रों को प्रभावित करती हैं। हमारे जीवन में प्रभाव डालने वाले वे लोग जो भी हों, अपने जीवन के सबसे महत्त्वपूर्ण हिस्सों के संदर्भ में उनकी आदतों और उनके परिणामों की जाँच

करें तथा खुद से यह सवाल पूछें, "क्या उनके पास वह है जो मैं चाहता हूँ, जहाँ यह सबसे ज़्यादा मायने रखता है या वे कम से कम उस दिशा में बढ़ रहे हैं, शायद सड़क पर मुझसे थोड़ा आगे?" यह एक बेहतरीन प्रश्न है। क्या आप बिक्री में हैं? आप किस स्तर की सफलता चाहते हैं? आपको सबसे ज़्यादा प्रभावित कौन कर रहा है? क्या आपका यह चयन सुविचारित हैं? क्या आप विवाहित हैं? आप किस तरह का वैवाहिक जीवन चाहते हैं? आपको तथा आपके जीवनसाथी को सबसे ज़्यादा प्रभावित कौन कर रहा है? क्या आप किसी व्यवसाय के मालिक हैं? आप मेरी बात का मतलब समझ गए होंगे।

यह ध्यान में रखें कि हो सकता है कि हम पर सबसे ज़्यादा प्रभाव उन लोगों का पड़ रहा हो, जिनसे हमारे सीधे व्यक्तिगत संबंध न हों। हम मस्तिष्क तक सामग्री पहुँचाने वाली सभी वस्तुओं या व्यक्तियों से प्रभावित होते हैं, हर वह चीज़ जिसके हम संपर्क में आते हैं - जिनमें टीवी शो, रेडियो, इंटरनेट और पुस्तकें शामिल हैं।

प्रशिक्षक और कोच के रूप में ग्राहकों के साथ मेरा लक्ष्य, ख़ास तौर पर कोचिंग में, सिखाने के बारे में कम और प्रभावित करने के बारे में ज़्यादा होता है। मैं वांछित परिणामों के आधार पर सकारात्मक, व्यवहारवादी परिवर्तन प्रेरित करना चाहता हूँ। यह सबसे अच्छी तरह धीरे-धीरे, लगातार और अनुकूल अंदाज़ में किया जाता है।

बर्फ़रोधी ट्रक के पीछे चलना सुरक्षित था। लेकिन यह उसे कहाँ ले गया?

तो मैं एक बार फिर पूछता हूँ : आप किसका अनुसरण कर रहे हैं और आप कहाँ जा रहे हैं?

22

वह एक चीज़

असीमित सदस्यता, लेकिन सीमित जगह। यह सही है - जनवरी में किसी भी जिम में चले जाएँ! अच्छे इरादों और बेशुमार प्रेरणा वाले भले लोग, लेकिन मार्च में इनमें से मुट्ठी भर ही नज़र आते हैं। उन्हीं की तरह ही उनके लक्ष्य भी रफ़ूचक्कर हो जाते हैं! आइए एक आम कारण पर नज़र डालते हैं...

आम तौर पर, जब हम परिवर्तन करना चाहते हैं, तो हम *बहुत ज़्यादा बड़ा परिवर्तन करना चाहते हैं* - जिससे आम तौर पर ज़रा सा भी परिवर्तन नहीं होता है! विश्वविख्यात प्रेरक वक्ता और लेखक ब्रायन ट्रेसी सलाह देते हैं कि हम एक चीज़ को चुन लें, जिसे अगर अगले 90 दिनों तक सफलतापूर्वक और लगातार किया जाए, तो उसका हमारे मनचाहे परिणाम पर सबसे ज़्यादा प्रभाव पड़ेगा। आप क्या चाहते हैं? उसे पाने के लिए आपको वह कौन सी एक चीज़ करनी चाहिए?

आपकी नौकरी के बारे में? वह कौन सी एक चीज़ है, जिसे अगर सफलतापूर्वक और लगातार अगले 90 दिनों तक किया जाए, तो इससे नौकरी में आपके प्रदर्शन पर सबसे ज़्यादा सकारात्मक प्रभाव पड़ेगा? आपके वैवाहिक जीवन के बारे में? वह कौन सी एक चीज़ है, जिसे अगर सफलतापूर्वक और लगातार अगले 90 दिनों तक किया जाए, तो उसका आपके वैवाहिक जीवन पर सबसे ज़्यादा सकारात्मक प्रभाव पड़ेगा?

आपकी सेहत और फ़िटनेस? वह कौन सी एक चीज़ है, जिसे अगर सफलतापूर्वक और लगातार अगले 90 दिनों तक किया जाए, तो उसका आपकी सेहत पर सबसे ज़्यादा सकारात्मक प्रभाव पड़ेगा? आपने देखा, **बहुत सारी चीज़ें हैं**, जो हम नौकरी के प्रदर्शन, वैवाहिक जीवन या स्वास्थ्य को बेहतर बनाने के लिए कर सकते हैं। उन सभी को या उनमें से ज़्यादातर को आज़माने की कोशिश कर रहे हैं? इसका क्या परिणाम मिल रहा है?

आइए पर्दे को साफ़ कर लेते हैं और ब्लाइंडर लगा लेते हैं और यह कल्पना करते हैं कि केवल एक ही चीज़ सचमुच मायने रखती है। आइए इस बारे में ईमानदार भी बनें – अगर आप उस एक चीज़ पर ध्यान केंद्रित करते हैं, तो बाक़ी चीज़ें अपने आप ठीक हो जाएँगी। कुंजी यह है कि जिस कार्य से सबसे ज़्यादा लाभ मिलता हो, उसे लगातार और बहुत स्पष्ट इरादे से किया जाए। इससे प्रयास पर सबसे ज़्यादा लाभ मिलेगा!

आइए चलते हैं – यदि आप केवल एक परिवर्तन कर सकें, तो वह कौन सा परिवर्तन होगा? निर्णय लें, 90 दिनों तक अमल करें – आपने जो शुरू किया है, उसे पूरा करें – तभी और सिर्फ़ तभी पीछे पलटकर देखें।

संसार महान शुरुआत करने वाले लोगों से भरा पड़ा है। लेकिन देखने लायक़ लोग वही हैं, जिन्होंने काम को पूरा किया है।

23

सिद्धांत और लाइटहाउस

नीचे एक अमेरिकी नौसेनिक जहाज़ और कैनाडा के अधिकारियों (सीएनडी) के बीच हुई एक रेडियो चर्चा दी जा रही है, जो अक्टूबर 1995 में न्यूफ़ाउंडलैंड के किनारे पर हुई। रेडियो चर्चा को 10 अक्टूबर 1995 को चीफ़ ऑफ़ नैवल ऑपरेशन्स ने जारी किया था।

अमेरिकी जहाज़ : कृपया टक्कर से बचने के लिए अपनी दिशा 0.5 डिग्री दक्षिण की तरफ़ कर लें।

सीएनडी का जवाब : सलाह यह है कि आप टक्कर से बचने के लिए अपनी दिशा 15 डिग्री दक्षिण की तरफ़ कर लें।

अमेरिकी जहाज़ : मैं अमेरिकी नौसैनिक जहाज़ का कप्तान हूँ। मैं एक बार फिर कहता हूँ, अपनी दिशा बदल लें।

सीएनडी का जवाब : नहीं। मैं एक बार फिर कहता हूँ, आप अपनी दिशा बदल लें!

अमेरिकी जहाज़ : यह यूएसएस मिसूरी युद्धपोत है; हम अमेरिकी नौसेना के बहुत बड़े युद्धपोत हैं। इसी समय अपनी दिशा बदल लें!!

सीएनडी का जवाब : यह लाइटहाउस है। अब आपको जो समझ में आए, वह करें।

इस उदाहरण को कई वर्षों से इसी तरह बताया जा रहा है। मैंने इसे सुना है और शायद आपने भी सुना होगा। लेकिन पल भर स्पष्ट हास्य से परे के बिंदु पर सचमुच विचार करें। तकनीकें बदल सकती हैं, लेकिन सिद्धांत कभी नहीं बदलते। वे अटल रहते हैं।

मैं कई सालों से बिक्री प्रशिक्षण दे रहा हूँ। मुझसे जो सबसे आम सवाल पूछे जाते हैं, वे तकनीक के बारे में होते हैं - बिक्री को अंतिम रूप कैसे दें, कैसे संपर्क करें, क्या कहें, बेहतरीन सवाल कैसे पूछें और विस्तृत थाह कैसे लें, अनुबंध कैसे हासिल करें, प्रतिबिंबन कैसे करें, आदि-आदि। सभी अच्छी चीज़ें। बात बस यह है कि अगर ये सिद्धांत की बुनियाद पर नहीं टिकी हैं, तो ये अक्सर बहुत प्रभावी नहीं होती हैं। कम से कम दीर्घकालीन ग्राहक संबंधों के लिए तो नहीं।

सिद्धांत क्या है? यह प्रक्रिया के पीछे का "क्यों" है? यह इस बात को जानना है कि आप प्रश्न क्यों पूछ रहे हैं, आप गहराई से जाँच क्यों कर रहे हैं, आप सहमति क्यों हासिल कर रहे हैं? आप प्रॉडक्ट के बारे में ग्राहक की मनोदशा की जाँच क्यों कर रहे हैं? आप प्रतिबिंबन आदि क्यों कर रहे हैं? ये लाइटहाउस हैं; ये नहीं बदलते। ये अचल हैं, अटल हैं। वास्तव में अगर आप क्यों जान लेते हैं - और आप हार नहीं मानते हैं - तो आप कैसे का अपने आप पता लगा लेंगे।

तकनीक मायने रखती है। यह निश्चित रूप से प्रक्रिया को ज़्यादा सुचारू और ज़्यादा तीव्र बना देती है। इसलिए इसे कम न आँकें - इसे खोजें, इसे सीखें, इसके स्वामी बनें। लेकिन यह ठोस सिद्धांत की बुनियाद पर खड़ी होनी चाहिए। मैं उस व्यक्ति को पहले लेना पसंद करूँगा, जिसके पास बिक्री के सिद्धांत हैं; उस व्यक्ति पर मैं बाद में विचार करूँगा, जिसके पास बस बेहतरीन तकनीक है। इन दोनों चीज़ों में से विकल्प होने पर मैं हर बार सिद्धांत को ही चुनूँगा। आगे चलकर उस बुनियाद पर मैं सफलता का महल खड़ा कर सकता हूँ।

लेकिन मुझे दोनों दे दें - शक्तिशाली सिद्धांतों की बुनियाद पर बनी शानदार तकनीक। यह बहुत विजेता मिश्रण है।

24

दुख तुलना से होता है

"दुख तुलना से होता है।" यह कथन मेरे पुराने मित्र ने कई वर्ष पहले कहा था – और यह तब से मेरे जेहन में जमा हुआ है।

इस बारे में सोचें। हम सारे समय तुलना करते रहते हैं। हम मकानों, आमदनी, नौकरी, खेल क्षमता, व्यायाम, बच्चों, जीवनसाथी, कारों, आभूषणों, कपड़ों, चर्चों आदि की तुलना करते हैं। शायद किसी दूसरी चीज़ से अधिक हम दूसरों की स्थितियों, सोची हुई परिस्थितियों और हालात की तुलना करते हैं। मुझे यह कहना अच्छा लगता कि मैं इतना ओछा नहीं हूँ, लेकिन मैं चेतन रूप से नहीं तो अवचेतन रूप से जानता हूँ कि मैं इन चीज़ों पर – ख़ासकर स्थितियों पर – खुद को तुलना करते पाता हूँ। प्रतिस्पर्धी और उपयोगी अंदाज़ में की गई कुछ तुलनाएँ मददगार हो सकती हैं, लेकिन मैं यहाँ उनके बारे में बात नहीं कर रहा हूँ।

एक मशहूर उपदेशक ने कहा था कि कई बार हम किसी उपदेशक को "प्रवाह" में देखते हैं, जब वह जोश, उद्देश्य और करिश्मे के साथ सुंदरता से जुड़ जाता है। उस पल हम उसे उसके खेल के शिखर पर देखते हैं। एक बार जब वह उस मंच से दूर हट जाता है, तो आगे की यात्रा आम तौर पर ढलान की तरफ़ होती है, शायद बुरे अंदाज़ में नहीं, लेकिन यह कम से कम उतनी अच्छी नहीं होती – कोई भी लगातार प्रवाह में नहीं रहता है। लेकिन तुलना के संसार में हम उस व्यक्ति के सर्वश्रेष्ठ को देखते हैं और फिर इसे उसके हर काम में लागू कर देते हैं – मानो

वह सारी चीज़ों में और सारे समय प्रवाह में रहता हो। फिर हम तुलना करते हैं। इस मामले में हमारे पास टक्कर लेने का कोई मौक़ा ही नहीं होता।

मुझे याद है, एक दूसरे व्यक्ति ने कहा था कि शैतान को इसमें बड़ा मज़ा आता है कि वह हमें किसी दूसरे के सर्वश्रेष्ठ से अपने सबसे निकृष्ट की तुलना करने के लिए प्रेरित करे - काफ़ी अन्यायपूर्ण संघर्ष। लेकिन एक बार फिर, इस तरह की चीज़ उसकी योजना के अनुरूप है।

अगर यह सच है कि पूरा या ज़्यादातर दुख तुलना करने से उत्पन्न होता है, तो हमें इसके विपरीत दृष्टिकोण को लागू करना चाहिए। यही सबक़ है। सुख अंदर से आता है। कोई बाहरी तुलना नहीं, बस आंतरिक दृष्टिकोण। हो सकता है कि यह बाहरी परिस्थितियों से प्रेरित हो, लेकिन अंततः यह एक अंदरूनी निर्णय है। कई बार मैं उन लोगों को देखता हूँ, जिनकी परिस्थितियाँ एक जैसी दिखती हैं, लेकिन उनके दृष्टिकोण बिलकुल अलग होते हैं - एक अंदरूनी निर्णय।

वाह, यह लिखते समय मैं सीख रहा हूँ। शायद इसीलिए मैं इसे लिख रहा हूँ। उम्मीद है कि इससे आपको मदद मिलेगी - क्योंकि सुखी लोग सांख्यिकी की दृष्टि से सभी चीज़ों में ज़्यादा उत्पादक होते हैं - करियर, स्वास्थ्य, संबंध - वे सभी चीज़ें जो मायने रखती हैं। तो मुझे लगता है, सुख हमारा विकल्प है। आप किसे चुनते हैं?

25

मौन बोलता है

कभी किसी कुत्ते को घूरने की कोशिश की है? इसमें ज़्यादा चुनौती नहीं है, क्योंकि अंततः या तो उसका ध्यान भटक जाएगा या वह आपको देखते-देखते बोर हो जाएगा। कभी किसी बिल्ली के साथ ऐसा करने की कोशिश की है? अगर आपने यह कोशिश की है, तो आप अब भी यही कोशिश कर रहे होंगे, क्योंकि बिल्ली दूर नहीं देखती है। उनसे नज़रें दूर हटवाना मुश्किल होता है। यह लगभग डरावना होता है। मेरे ख़याल से वे जानती हैं कि घूरने के इस खेल में जो नज़रें हटाकर दूर देखने लगेगा, वह नियंत्रण खो देगा।

बरसों पहले मेरे एक मैनेजर थे, जिनकी संवाद की शैली बड़ी अनूठी थी और जो निश्चित सामरिक स्थितियों में दिखती थी। मैं यह कहानी अक्सर इसलिए बताता हूँ, क्योंकि यह कुछ बेहतरीन सबक़ सिखाती है। मैं विचारों, रणनीति, बिक्री या जिस भी चीज़ को मैं चाहता था, उस पर विचार-विमर्श करने के लिए उनके ऑफ़िस में जाता था। अपने विचार बताने के बाद मैं ठहर जाता था, जैसा कि संवाद की आम परंपरा है (ठीक है, मेरी बात पूरी हो गई, अब आपकी बारी है...)। फिर स्थिति रोचक हो जाती थी। वे बस मेरी तरफ़ एकटक देखते रहते थे (बिल्ली के घूरने जैसा महसूस हुआ) और... कुछ नहीं। तीन सेकेंड के अंतहीन लगने वाले विराम के बाद मैं फिर बोलने लगता था। उन्हें स्पष्ट रूप से ज़्यादा जानकारी चाहिए थी। फिर मैं रुक जाता था - याद है ना, अब उनकी बारी थी। एक बार फिर घूरना, फिर विराम। और, आपने अंदाज़ा लगा लिया, मैं दोबारा बोलने लगता था। यह सिलसिला इसी

तरह चलता रहता था। परिणाम यह होता था कि जब मैं मीटिंग करके लौटता था, तो मैं अपनी मनचाही चीज़ हासिल नहीं कर पाता था या मुझे यह महसूस होता था जैसे मैंने विश्वसनीयता या वांछित चीज़ खो दी थी।

ऐसी कई मुलाक़ातों के बाद मैंने अपनी नीति बदलने का निर्णय लिया।

मैं उनके ऑफ़िस में गया और मैंने बैठकर अपने विचार रख दिए... फिर, मैं चुप हो गया! वे घूरने लगे। मैं भी घूरने लगा। वे घूरते रहे। मुझे पसीना आने लगा (ज़ाहिर है, अनुभवहीनता की वजह से), लेकिन मैं फिर भी घूरता रहा। यह बिलकुल सच है। आख़िर, 30 मिनट बाद (शायद 20 सेकेंड हुए होंगे, लेकिन यह आधे घंटे जैसा महसूस हुआ!) वे बोले। अंदाज़ा लगाएँ क्या हुआ? उन्होंने मेरे विचार को स्वीकार कर लिया। इसके बाद मैं आम तौर पर जब बाहर निकलता था, तो मेरे विचार स्वीकार कर लिए जाते थे, मुझमें ज़्यादा आत्म-विश्वास होता था और अंततः मेरा ज़्यादा प्रभाव होता था। क्या मैंने घूरने के खेल में उन्हें हरा दिया? नहीं - मैंने तो बस उनकी संवाद शैली का प्रतिबिंबन किया था। हालाँकि यह मेरे लिए बहुत असहज करने वाला था और अब भी होगा, लेकिन मैंने उनकी शैली को अपना लिया और इस वजह से बेहतर संवाद तथा प्रभाव हासिल कर लिया। क्या वे मुझे घूरकर हराना चाहते थे? नहीं - वे तो बस सोच रहे थे, जो एकाग्रता और मौन में झलक रहा था। मेरे जैसे लोग दरअसल मौन को नहीं समझते हैं - हममें यह सोचने की प्रवृत्ति होती है कि हमें मौन को भरना चाहिए, आम तौर पर ख़ुद बोलकर। आम तौर पर अच्छा नहीं होता।

अंततः मुझे विश्वास है कि संबंध कहीं ज़्यादा प्रभावी बना, जब मैंने उस शैली में संवाद करना सीख लिया, जो उनके और मेरे लिए कारगर थी। मैं यह भी कहना चाहूँगा, वे एक अद्भुत इंसान हैं, जिनका मैं बहुत सम्मान करता हूँ। उनकी संवाद शैली तो बस मेरी संवाद शैली से अलग थी और मैंने इसे पहचानना व अंगीकार करना सीख लिया।

मैंने ऐसा किया और हम सफल हो गए।

26

बहरों का संवाद

मैं सचमुच नहीं जानता कि दो बहरों के बीच की बहस कैसी होगी, लेकिन मैंने बहुत सी बातचीतें ऐसी देखी हैं, जहाँ ऐसा लग रहा था, मानो दोनों ही लोग बहरे हों। आपने भी यह देखा होगा। वे दोनों बोलते चले जाते हैं, लेकिन दोनों में से एक भी नहीं सुनता है। वे अपनी बात रखने की कोशिश कर रहे हैं, लेकिन समस्या यह है कि वे यह काम ठीक उसी समय कर रहे हैं, जब सामने वाला अपनी बात रखने की कोशिश कर रहा है! इसमें कितना सुना जाता है? बिलकुल भी नहीं!

मैं उस व्यक्ति के प्रति असम्मान नहीं दिखा रहा हूँ, जो बहरा है। मुझे लगता है कि सचमुच बहरा व्यक्ति इसे दुखद और मूर्खतापूर्ण पाएगा कि अच्छी तरह सुनने की शक्ति होने के बावजूद दो लोग इस तरह व्यवहार कर रहे हैं, जैसे वे एक दूसरे की बात सचमुच नहीं सुन सकते।

मैंने लेस कार्टर और जिम अंडरवुड की लिखी पुस्तक *द सिग्निफ़िकेंस प्रिंसिपल* में पढ़ा था कि जहाँ सामने वाले की बात पूरी हुई है, हमें उसके पार सुनना चाहिए। हमें जवाब देने से पहले ठहरना भी चाहिए। यह "गरमागरम" बातचीत पर ही लागू नहीं होता, बल्कि हर बातचीत पर लागू होता है। उन्हें बोलने दें! उन्हें अपनी बात, अपनी कहानी, अपनी प्रशंसा और यहाँ तक कि अपनी आलोचना को भी बाहर निकाल लेने दें। पूरी तरह। फिर अपनी प्रतिक्रिया व्यक्त करने से पहले उनकी कही बात के बारे में ज़्यादा पूछें। संलग्न हों। क्या और क्यों को समझें। स्टीफ़न कवी

20वीं सदी की नंबर 2 बेस्टसेलिंग व्यावसायिक पुस्तक *अति प्रभावकारी लोगों की 7 आदतें (The Seven Habits of Highly Effective People)* में इसे पाँचवीं आदत कहते हैं। यह अति महत्त्वपूर्ण है : पहले समझने की कोशिश करें, फिर समझाने की।

असली समझने की कोशिश सामने वाले का और उसकी कही बात का अनुमोदन करती है। वे यही तो चाहते हैं। हम भी यही चाहते हैं - कि हमें समझा जाए, महत्त्व दिया जाए और अनुमोदन किया जाए।

क्या हो, अगर आप समझने की कोशिश करें, लेकिन सामने वाला न करे? दो बातें दिमाग़ में आती हैं। अगर एक भी व्यक्ति सचमुच सुनने की कोशिश कर रहा है, तो यह आम तौर पर किसी के भी न सुनने से बेहतर होता है। वैसे ज़्यादा महत्त्वपूर्ण बात यह है कि अगर एक व्यक्ति सचमुच सुन रहा है, तो इसकी बदौलत बाद में दोनों लोग सुनने लगते हैं। आपकी मिसाल से सामने वाला यह आदत सीख लेता है। यह आपका प्रभाव है और जैसा जॉन मैक्सवेल कहते हैं, "नेतृत्व प्रभाव है; न इससे अधिक, न इससे कम।"

क्या आप बेहतर लीडर बनना चाहते हैं? सामूहिक एकालाप से बचें। प्रतिक्रिया न करें, बल्कि सोचें। किसी दूसरे के शब्दों के उद्दीपन को विकल्प देने दें, इसके बाद ही प्रतिक्रिया करें। इस मामले में विकल्प को सुनने, ठहरने, विचार करने, संलग्न होने और फिर दूसरों पर प्रतिक्रिया करने का निर्णय आपके हाथ में होता है। इसे आज़माएँ। यह कारगर है।

फ़र्क़ उससे नहीं पड़ता जो आप कभी-कभार एक बार करते हैं;
फ़र्क़ तो उससे पड़ता है जो आप दिन-रात करते हैं।
—जेनी क्रैग

27

व्यवसाय करने में आसानी

क्या आपके साथ व्यवसाय करना आसान है?

लगभग एक साल पहले मैं फटाफट सफ़ाई के लिए स्थानीय कार वॉश में गया। जब मैंने निर्धारित जगह से थोड़ी आगे कार रोकी, तो एक कर्मचारी ने चिढ़ भरे अंदाज़ में मुझे पीछे आने का इशारा किया। बढ़िया। मैं उस अस्पष्ट शुरुआती स्थिति तक लौटा और इंतज़ार करने लगा। क्या ग्राहक इंतज़ार करने से प्रेम नहीं करते हैं? क्या यही वह चीज़ नहीं है, जिसकी रिटेलर्स जीतोड़ कोशिश करते हैं। आख़िर, हमें इंतज़ार करना बहुत पसंद है। अवरोध। ख़ैर, मैं वहाँ अपनी कार में बैठा-बैठा इंतज़ार करता रहा। मैंने ईमेल देखे, दोस्तों को संदेश लिखे और एक बार फिर ईमेल देखे। आस-पास देखा - कोई नहीं। मैं वहाँ 5-7 मिनट तक बैठा रहा, जो ऐसी स्थिति में अनंत काल जैसा लगता है, लेकिन कोई भी नहीं आया। किसी ने भी यह नहीं कहा, "हम आपके पास जल्दी ही आते हैं," या "विलंब के लिए क्षमा करें।" किसी ने भी मेरी तरफ़ देखा तक नहीं। दरअसल, उस आदमी को छोड़कर जिसने शुरुआत में मुझे हाथ हिलाकर पीछे बुलाया था, मैंने वहाँ काम करने वाले किसी भी कर्मचारी को नहीं देखा। तो सारी मार्केटिंग, ब्रांडिंग, स्थान की लागतें - वे सारी चीज़ें जो मुझे और उधर से गुज़रने वाले हर व्यक्ति को वहाँ बुलाने के लिए ख़र्च की गई थीं, मेरे मामले में बरबाद हो गईं। मैं वहाँ से लौट आया। इसके अलावा मैंने लोगों को बताया। बहुत सारे लोगों को। आप भी यही करते हैं। आपके ग्राहक

और "संभावित" ग्राहक भी यही करते हैं। यक़ीन मानें या न मानें, कुछ महीने बाद मैं अनिच्छा से वहाँ एक बार फिर गया। यह विशुद्ध सुविधा का मामला था – सही जगह और सही समय। मैंने कार रोकी – इस बार बिलकुल सही जगह पर। एक कर्मचारी मेरी कार की तरफ़ आया (अच्छा लगा...) और पास से गुज़रता हुआ चला गया। उसने न देखा, न कोई बात की, न कुछ किया। एक बार फिर नहीं! लेकिन अंततः कोई दूसरा आया और मेरी कार धुलने लगी। साफ़ कार, लेकिन फिर भी घटिया सेवा।

उनके साथ व्यवसाय करना मुश्किल है। अवरोध। मुझे इसमें कोई समझदारी नहीं लगती।

आपके क्या हाल हैं? क्या आपकी टीम अपने साथ व्यवसाय करने को आसान बना रही है? क्या वे मुस्कान और अच्छे नज़रिये के साथ लोगों का तुरंत अभिवादन करते हैं, जिससे यह संकेत मिलता है कि वे आपको पसंद करते हैं और आपकी मदद करना चाहते हैं? क्या आप लोगों से इंतज़ार कराते हैं और अगर आप कराते हैं, क्योंकि कई बार आपको कराना ही पड़ता है, तो क्या आप इसे ग्राहक के लिए कम दर्दनाक या ज़्यादा कार्यकुशल बनाते हैं?

क्या आपकी इमारत स्वागत करती है? क्या पार्किंग सर्वश्रेष्ठ है, जो हो सकती है? क्या आपके पास फ़ोन करने वालों के लिए बहुत सारी फ़ोन लाइनें हैं या कोई असली व्यक्ति दूसरे असली व्यक्ति के साथ बात करने के लिए उपलब्ध है? क्या आप लोगों के नाम पता करते हैं और उचित होने पर उनका इस्तेमाल करते हैं? अगर आपके पास रेस्टरूम हैं, तो क्या वे साफ़-सुथरे हैं? क्या आपकी वेबसाइट रोचक, आकर्षक और सुविधाजनक है?

आप इंसान के रूप में कैसे हैं? क्या आपके साथ व्यवसाय करना आसान है? आपसे बात करना आसान है? क्या आपका व्यवहार लोगों को आमंत्रित करता है या फिर इस पर यह साइन बोर्ड लगा है, "ख़तरा : सँभलकर चलें।"

ग्राहक सेवा की सारी चालों, तरकीबों और विचार के बावजूद मेरी पहले नंबर की सलाह यह है : ऐसे बनें कि आपके साथ व्यवसाय करना आसान हो। ऐसे बनें कि आपसे बात करना आसान हो। मज़ेदार बनें। रोचक बनें। संलग्न बनें।

लोगों में न्यूनतम प्रतिरोध का मार्ग चुनने की प्रवृत्ति होती है। इसके बारे में सोचें। इससे सीखें। जब आप ऐसा करते हैं, तो ग्राहक सेवा में सफलता ज़्यादा आसान बन जाएगी।

... जानकारी की दौलत ध्यान की ग़रीबी उत्पन्न करती है...
—हरबर्ट ए. साइमन

28

मूर्ख लोग

"**क्या** हाल है, मोटू?" मैं अक्सर अपने पड़ोसी के मुँह से यह अभिवादन सुनता था, जब वह मेरे बेटे मिचल से बात करता था, जब वह नन्हा बच्चा था। हाँ – मोटू! लेकिन न जाने क्यों यह ठीक लगता था, मज़ेदार भी – वह बस प्यार के संबोधन के रूप में इसका इस्तेमाल करता था और मिच के साथ एक सृजनात्मक व दिलकश अंदाज़ में लड़ने में भी। लेकिन मैंने हाल ही में एक सीडी सुनी, जिससे मुझे पता चला कि असली मोटू हर जगह हैं, कई बार तो मेरे सामने के दर्पण में भी!

इस रिकॉर्डिंग ने शुरू में बताया कि अमेरिका के लगभग 66 प्रतिशत लोगों को मोटा माना जाता है और लगभग 33 प्रतिशत को चिकित्सकीय दृष्टि से स्थूल माना जाता है। इसने बाद में इसकी तुलना हमारे मस्तिष्क से की – हमारे मस्तिष्क में जाने वाली जानकारी के अति आहार से – कुछ अच्छी, कुछ बुरी, लेकिन हमेशा बहुत सारी! यह भी बताया कि यह किस प्रकार "मोटू" बना सकती है – बहुत सारी महत्त्वहीन चीज़ें जो सबसे ज़्यादा महत्त्वपूर्ण चीज़ों को बाहर निकाल देती हैं। जानकारी की स्थूलता।

शारीरिक वज़न की चुनौतियों का दोष अक्सर प्रोसेस्ड आहारों की अति उपलब्धता को दिया जाता है (यह बहुत ज़्यादा आरामदेह और आसान होता है); लेकिन ध्यान रहे, वह आहार डिब्बे से उड़कर अपने आप हमारे गले के नीचे नहीं उतर जाता है – इसका हमेशा एक इच्छुक सहयोगी होता है। यही बात हमारे मस्तिष्क

पर भी लागू होती है – जानकारी हालाँकि कई बार ज़्यादा सूक्ष्म होती है, लेकिन फिर भी मालिक द्वारा – हमारे द्वारा – इसे अंदर आने की अनुमति दी जाती है! हालाँकि निश्चित रूप से कई बार ऐसी सामग्री अंदर आ जाती है, जिससे हम किसी तरह नहीं बच सकते, लेकिन हमारे मस्तिष्क में प्रवेश करने वाली ज़्यादातर जानकारी का स्वागत वही इच्छुक सहयोगी करता है।

हम इस मोटू रोग से कैसे छुटकारा पाएँ?

- सबसे पहले तो यह जानें कि क्या महत्त्वपूर्ण है। यह जानें कि हम जो अंदर डालते हैं, वही बाहर आता है – अंदर की निरंतरता बाहर की निरंतरता सुनिश्चित करती है – चाहे यह अच्छी हो या बुरी।

- इसके अलावा, हम नकारात्मक संपर्क को सीमित करने वाले परिवेश और मार्ग चुन सकते हैं। न्यूज़ के प्रति कोई असम्मान नहीं, लेकिन ज़्यादातर ख़बरों को टटोलने के बाद एकाध अच्छा महसूस कराने वाली ख़बर मिलती है। तो शायद थोड़ी जाँच की ज़रूरत हो सकती है।

- प्रोएक्टिव क़दम उठाने के बारे में क्या ख़याल है? सिर्फ़ बुरी चीज़ों को बाहर न रखें, बल्कि अच्छी चीज़ों को भी अंदर रखें। ऐसे लोगों के आस-पास रहें, जिनकी सोच बेहतर बनने के लिए आपको आकर्षित करती हो। अच्छे मित्रों, मार्गदर्शकों, शिक्षकों, कोचों के आस-पास रहें। बातचीत करने के लिए ऐसे लोग खोजें, जो आपकी सोच को ऊपर उठाते हों। ज़रूरी नहीं है कि आप उन्हें व्यक्तिगत तौर पर जानते हों – जॉन मैक्सवेल मुझे ख़ुशी-ख़ुशी 20 डॉलर की पुस्तक में आमने-सामने का प्रभाव प्रदान कर देंगे। अगर आप वह पुस्तक 10 बार पढ़ते हैं, तो इसकी लागत घटकर 2 डॉलर प्रति बार तक नीचे आ जाती है!

यदि हमें मोटू होना ही है, तो आइए अच्छी चीज़ों से मोटे हों!

29

अपने आनंद को तलाशें

कुछ सप्ताह पहले मेरी पत्नी ने पोकोनोज़ की वॉरियर डैश रेस में हिस्सा लिया। वॉरियर डैश संसार की सबसे बड़ी बाधा दौड़ शृंखला है, जो पूरे संसार में 50 से ज़्यादा जगहों पर सबसे ऊबड़-खाबड़ इलाक़ों में होती है। प्रतिभागी 3-4 मील के बीहड़ रास्ते और 12 बहुत बड़ी बाधाओं से जूझकर अपना वॉरियर हेलमेट जीतते हैं। इस जंग को जीतने के बाद एक पार्टी होती है, जो एक अलग ही श्रेणी में आती है, जिसमें विजेता योद्धा टर्की पक्षी की टाँगों, बियर के मग और तेज़ संगीत के साथ जश्न मनाते हैं। ऐमी ने दो फ़ुट विशुद्ध कीचड़ में रेंगकर यह दौड़ पूरी की - वे हाथ और घुटनों के बल चलने के लिए विवश थीं, क्योंकि वहाँ कँटीला तार था, जिसके नीचे से रेंगना ज़रूरी था। आप कीचड़ में पूरी तरह सने बिना बाहर नहीं निकल सकते थे। वे सनी हुई थीं।

यह संभव है कि आपमें से कई पाठकों ने वॉरियर डैश जैसी कीचड़ दौड़ पूरी की होगी। मैं आपको बधाई देता हूँ। लेकिन मुझे नहीं लगता कि ज़्यादा लोग ऐमी जैसा दृष्टिकोण रखते होंगे। उन्हें ठंडा, गीला और गंदा होने से नफ़रत है। उन्हें दौड़ने से भी नफ़रत है। वैसे उन्हें मज़े से प्रेम है और उनके लिए मज़े करना ही सबसे ज़्यादा महत्त्वपूर्ण है।

मज़ा कितना महत्त्वपूर्ण है? मज़ा आपके कामकाज और घरेलू परिवेश में क्या मूल्य लाता है? अपने दैनिक अनुभवों में मज़ा लाने के लिए आप कितनी कोशिश करते हैं?

उत्पादकता, कार्यकुशलता, सम्मान और नेतृत्व के लिए लगातार प्रयास करने के बजाय थोड़े ज़्यादा मज़े और संलग्नता पर ध्यान केंद्रित करने से शायद दूसरी चीज़ें अपने आप आ जाएँगी। काम करने के लिए "सर्वश्रेष्ठ" जगहें आम तौर पर वही होती हैं, जहाँ काम करना सबसे ज़्यादा मज़ेदार होता है।

जब हम तनावरहित होते हैं, जब हमें महत्त्वपूर्ण समझा जाता है और हम मुस्कराते होते हैं - यानी जब हम मज़े करते हैं - तो हममें कहीं अधिक संलग्न होने की प्रवृत्ति होती है। संलग्न कर्मचारी, संलग्न किशोर, संलग्न जीवनसाथी, संलग्न सदस्य और संलग्न चर्च जाने वाले सबसे ज़्यादा जानकार, योगदान देने वाले और आनंदपूर्ण होते हैं। मज़ा हमारे आस-पास के लोगों को संलग्न करने के सबसे महत्त्वपूर्ण उत्प्रेरकों में से एक है।

वैसे मैंने सोचा था कि इस लेख के लिए ऐमी की वॉरियर डैश की फ़ोटो लगाना मज़ेदार रहेगा। ऐमी नहीं मानीं।

जाइए अपना मज़ा खोजें।

30

मैराथन कैसे न दौड़ें

मेरे डैडी ने 66 से ज़्यादा मैराथनों में हिस्सा लिया है, 20 साल से भी कम समय में! जब तक मैं 16 का हुआ, तब तक वे अपनी 80 फ़ीसदी दौड़ें पूरी कर चुके थे और मैंने उनसे कहा कि वे मुझे फ़िलाडेल्फ़िया मैराथन दौड़ने के लिए प्रशिक्षण दें। मैंने सोचा कि यह एक अच्छा विचार है कि किसी ऐसे व्यक्ति से प्रशिक्षण लिया जाए, जो जानता था कि वह क्या कर रहा था और इसके बाद ही मैं सचमुच मैराथन दौड़ूँ। मैंने एक तरह से यह भी सोचा था कि मैं जब तक मैराथन नहीं दौड़ लूँगा, तब तक मैं उनका बेटा कहलाने के पूरी तरह योग्य नहीं हूँ। लेकिन मेरा लक्ष्य एक था। बस एक। चूँकि मेरे पास अच्छी प्रेरणा और उत्कृष्ट प्रशिक्षण था, इसलिए इसमें केवल एक ही कोशिश की ज़रूरत पड़ी - लक्ष्य हासिल हो गया। अब मैं 47 साल का हो चुका हूँ और तब से मैं मैराथन नहीं दौड़ा हूँ। न ही इसके बारे में सोच रहा हूँ।

यहाँ पर मज़ेदार हिस्सा आता है। मैराथन दौड़ने में उनकी स्पष्ट सूझबूझ के बावजूद डैडी ने अपनी पहली मैराथन के लिए उचित प्रशिक्षण के संदर्भ में ज़्यादा ऊँचे मापदंड तय नहीं किए थे। मुझे उस पहली दौड़ के बारे में हाल में थोड़ा पता चला। यहाँ बताया जा रहा है कि मैराथन का प्रशिक्षण कैसे नहीं लेना है... वे मैराथन वाले दिन तक हर दिन लंबी दूरी तक दौड़ते थे (15 मील से ज़्यादा)। ग़लत। वे दो अलग-अलग जूते पहनकर दौड़ते थे! उन्हें दोनों जूते पसंद थे और वे निर्णय नहीं ले पा रहे थे! बहुत ग़लत! उनका टखना कई दिन पहले मुड़ गया था, लेकिन इसके

बावजूद डॉक्टर को दिखाए बिना वे दौड़ते रहे। ख़तरनाक रूप से ग़लत! उन्होंने अपनी ख़ुद की पट्टी बाँधी और रास्ते में उलझन होने पर इसे अपनी जाँघ पर बाँध लिया। चूँकि अंततः यह बस उनके पैर से लटक रही थी, इसलिए उन्होंने इसे उतार दिया, क्योंकि यह बुरी दिख रही थी! ग़लत। मुझे तो यह भी याद नहीं है कि उन्होंने वह दौड़ सचमुच पूरी भी की थी या नहीं, लेकिन मैं जानता हूँ कि उन्होंने अंततः यह समझ लिया होगा कि उचित प्रशिक्षण कैसे लेना है, क्योंकि आगे जाकर उन्होंने 66 मैराथन पूरी कीं।

यहाँ व्यावसायिक अमल में मेरा अवस्थांतर (transition)... औसत मैनेजर 27 वर्ष की उम्र में मैनेजर की पहली भूमिका में पहुँच जाता है। लेकिन औसत मैनेजर को 42 साल की उम्र तक कोई औपचारिक प्रशिक्षण नहीं मिलता है। क्या आप यहाँ समस्या देख रहे हैं? ज़्यादातर लोगों को प्रबंधन के पदों पर तरक्की क्यों मिलती है? उन्होंने अच्छा प्रदर्शन किया, वे सचमुच स्मार्ट थे और कुछ समय तक कंपनी में रहे थे – दूसरों का प्रबंधन करने, विकास करने और मार्गदर्शन करने के लिए बेहतरीन शर्तें, ठीक है? ग़लत। गैलप के सीईओ जिम क्लिफ़्टन ने अपनी हाल की पुस्तक *द कमिंग जॉब्स वॉर* में बताया कि अमेरिका की वर्तमान कार्यशक्ति में असंलग्न कर्मचारियों की महामारी है – जितनी अतीत में कभी नहीं रही। ख़राब प्रबंधन एक बहुत बड़ा अपराधी है।

क्या आपका मैनेजर *हाउ टु विन फ़्रेंड्स ऐंड इन्फ़्लुएंस पीपल* की ख़ुराक का इस्तेमाल कर सकता है? लोक-व्यवहार संबंधी योग्यताओं को बहुत नज़रअंदाज़ किया जाता है, बहुत ज़्यादा सतही माना जाता है, लेकिन यही योग्यताएँ किसी टीम के संबंधों को एक साथ जोड़े रखती हैं – सबके लाभ के लिए। निश्चित रूप से प्रबंधन में प्रशिक्षण से ज़्यादा चीज़ें शामिल होती हैं, लेकिन यह एक अच्छी शुरुआत होगी – मैनेजर का काम शुरू करने से पहले!

31

पीटर पैन से जीवन के सबक़ सीखें

हमारे घर में एक और पारिवारिक आयोजन की रात थी। उस रात मैडी को निर्णय लेना था कि हम क्या करेंगे। हम खेलेंगे या अलाव के आस-पास बैठेंगे या पढ़ेंगे और पहेली पूछेंगे या शायद एक और फ़िल्म देखेंगे? उसने एक क्लासिक फ़िल्म देखने का विकल्प चुना : *पीटर पैन।* बढ़िया! मेरी प्रिय डिज़्नी फ़िल्मों में से एक। फ़िल्म देखते-देखते मुझे अहसास हुआ कि पीटर काफ़ी स्मार्ट बच्चा है। वह जीवन के बारे में बहुत कुछ जानता है।

तो यहाँ पीटर पैन के पात्र से जीवन के कुछ मुख्य सबक़ हैं, जो मैंने समझे...

सबसे पहले तो पीटर ने कहा कि उड़ने के लिए आपको सुखद विचार सोचने की ज़रूरत होती है। *बाइबल फ़िलिप्पियन्स 4:8* में इसका पूरी तरह समर्थन करती है, "अंत में, भाइयों और बहनों, जो भी सच है, जो भी उदात्त है, जो भी सही है, जो भी शुद्ध है, जो भी प्यारा है, जो भी प्रशंसनीय है - अगर कोई चीज़ उत्कृष्ट या प्रशंसा के क़ाबिल है - तो ऐसी चीज़ों के बारे में सोचो।" इस धार्मिक वाक्यांश में उड़ने का ज़िक्र नहीं है, लेकिन हम यह तर्क दे सकते हैं कि उड़ना जीवन में हमारी समूची सफलता की बहुत उम्दा उपमा है। इसलिए, सुखद विचार सोचें।

दूसरे, पीटर ने हमें हमेशा वादे निभाना सिखाया। दरअसल कैप्टन हुक के साथ अंतिम लड़ाई के दृश्य में पीटर को *बिना* उड़े लड़ने का वादा करने के लिए उकसाया गया, जिससे वेंडी को भारी कोफ़्त हुई। जब उसने पीटर को प्रोत्साहित

किया, "उड़ो, पीटर! उड़ो!" तो पीटर ने जवाब दिया, "नहीं, मैंने अपनी ज़बान दी है!" यदि पीटर की तरह ही हम सभी अपने वादे क़ायम रखें, चाहे जो हो जाए, तो चीज़ें हर जगह थोड़ी बेहतर हो सकती हैं। हमेशा अपने वादे निभाएँ।

तीसरे, मज़े करें। पीटर ने जो भी चीज़ की, हर चीज़ मज़े करने के बारे में है। निश्चित रूप से गंभीरता के समय होते हैं, लेकिन ओह, हम अक्सर उस दृष्टिकोण को बहुत ज़्यादा दूर तक ले जाते हैं। शायद हमें जीवन में पीटर पैन की मानसिकता का थोड़ा ज़्यादा अनुसरण करना चाहिए, थोड़ा हल्का होना चाहिए और सवारी का आनंद लेना चाहिए। मज़े करें।

अंत में, उसने हमें अपनी माँ से प्रेम करना सिखाया। आख़िर, पीटर ने बहुत सारा जोखिम इसलिए लिया, ताकि उसके और खोए हुए लड़कों के लिए माँ रहे। और अंत में इस तथ्य के बावजूद कि उसने बड़े होने का चयन नहीं किया, उसे वेंडी और उसके भाइयों या खोए लड़कों से कोई शिकायत नहीं थी कि वे अपनी माँ के साथ रहने के लिए घर जा रहे थे। क्योंकि पीटर जानता था कि यह उनके लिए कितना महत्त्वपूर्ण था। अपनी माँ से प्रेम करें और डैडी से भी!

कुल मिलाकर यही! पीटर पैन के जीवन के चार मुख्य सबक़ :

1.   सुखद विचार सोचें
2.   अपने वादे निभाएँ
3.   मज़े करें
4.   अपनी माँ से प्रेम करें

32

कोई पैराशूट नहीं

आपके लिए सवाल : अगर आपको पैराशूट के बिना हवाई जहाज़ से बाहर कूदने के लिए 10 लाख डॉलर की पेशकश दी जाती है, तो क्या आप यह काम करेंगे? हममें से ज़्यादातर लोग ज़ोरदार "नहीं" में जवाब देंगे। आख़िरकार, अगर हम ही मर गए, तो 10 लाख डॉलर हमारे किस काम आएँगे! यह सही जवाब भी हो सकता है। लेकिन जैसा आम तौर पर मामला होता है, सवाल इससे ज़्यादा गहरा है।

तथ्य यह है कि आपके पास सही निर्णय लेने के लिए पर्याप्त जानकारी नहीं है।

अक्सर हम पूरे आवश्यक विवरणों के बिना ही निर्णय ले लेते हैं या निष्कर्ष निकाल लेते हैं। हममें से कई लोग नैसर्गिक रूप से तीव्र निर्णय लेने के आदी होते हैं और यह कई बार बहुत अच्छी बात होती है। लेकिन ऊपर बताए गए मामले में धैर्य की कमी – कम सवाल पूछने और ज़्यादा तेज़ प्रतिक्रिया करने – से हमारे हाथ से नोटों का बंडल फिसल सकता है।

हम लोगों का सही तरीक़े से नेतृत्व नहीं कर सकते, अगर हम यह नहीं जानते हों कि उनके लिए क्या महत्त्वपूर्ण है। हम प्रभावी ढंग से नहीं बेच सकते, अगर हम यह नहीं समझते हों कि हमारे संभावित ग्राहक क्या चाहते हैं और वे इसे क्यों चाहते हैं। हम मार्केटिंग नहीं कर सकते, अगर हम अपने संभावित ग्राहकों और उनकी रुचियों को नहीं जानते हैं।

हमें रुचि लेने, प्रश्न पूछने, सुनने, पता लगाने और ज़्यादा प्रश्न पूछने की ज़रूरत है।

आइए देखते हैं कि क्या हम उस 10 लाख वाले डॉलर के प्रस्ताव के बारे में बेहतर निर्णय ले सकते थे... यहाँ कुछ और सवाल हैं, जिनसे मदद मिल सकती है। हमें किस तरह के विमान से बाहर कूदना है? जब हम कूदते हैं, तो क्या विमान हवा में है या ज़मीन पर? जब हम कूदते हैं, तो विमान की गति क्या है? जब मैं कूदता हूँ, तो क्या मेरे पास हाथ-पैरों की स्वतंत्रता है (यह वाला अभी-अभी सोचा!)?

यदि आप स्वस्थ हैं और विमान एक इंजन वाला सेसना है, ज़मीन पर है और स्थिर खड़ा है, तो क्या आप अपने जवाब को बदलेंगे? बेशक!

जब जवाब सचमुच महत्त्वपूर्ण होते हैं, तो निष्कर्षों पर *कूदने* से पहले सवाल के बारे में पर्याप्त जानकारी हासिल करना सुनिश्चित करें। (माफ़ करें। आखिरी वाक्य में कूदने शब्द को डाले बिना नहीं रहा गया।)

33

आप नदी वाले इंसान हैं या झील वाले?

मेरा परिवार सबसे पहले आपको यही बताएगा कि मुझे अपने कमरे दोबारा व्यवस्थित करने से प्रेम है - मैं परिवर्तन से प्रेम करता हूँ। परिवर्तन करने के बाद भी मैं कई बार बस "नए" कमरे में ठहरता हूँ और सराहना करते हुए तथा आनंद लेते हुए चारों तरफ़ देखता हूँ। मैं जानता हूँ कि यह छोटी चीज़ है, लेकिन यह मेरी आदत है। ऐसा इसलिए है, क्योंकि मैं जानता हूँ कि कुछ सप्ताह के भीतर और कई बार तो कुछ दिनों के भीतर ही परिवर्तन का "नयापन" नया नहीं लगेगा। क्या आप अपने जीवन में किसी तरह की समानता महसूस करते हैं?

झील का पानी काफ़ी स्थिर रहता है, बहता नहीं है और बदलता नहीं है। हालाँकि इसका नज़ारा उल्लेखनीय हो सकता है, लेकिन यह अंततः थोड़ा बासी हो जाएगा, क्योंकि यह एक जैसा रहता है - पूर्वानुमान लगाने लायक़, लेकिन थोड़ा नीरस। कोई नज़ारा कितना ही सुंदर हो, समय के साथ आप उस पर ग़ौर न करने के बिंदु तक पहुँच जाते हैं। उस कमरे की तरह, जिसे मैंने अभी-अभी दोबारा जमाया है!

नदी झील के विपरीत होती है। नदी हमेशा चलती रहती है - कहीं जा रही होती है, उद्देश्य के साथ, बिना विलंब के, वहाँ पहुँचने के लिए अनवरत यात्रा करती रहती है। यह हमेशा बदलती रहती है; यह प्रगतिशील और रोमांचक होती है, कई

बार तो आनंददायक भी। इसकी अनिश्चितता हतोत्साहित करने वाली, यहाँ तक कि खतरनाक भी हो सकती है, लेकिन यही बात तो इसे इतना आकर्षक बनाती है।

तो आप इनमें से क्या हैं? मेरी सलाह है कि नदी जैसे बनें। जीवन को रोमांचक, चुनौतीपूर्ण और कई मर्तबा साहसिक रखें। खुद को बेहतर बनाने पर मेहनत करें। यदि आप बेहतर बन जाते हैं, तो आपके आस-पास के लोगों को एक बेहतर प्रॉडक्ट मिल जाता है - आपके जीवनसाथी, आपके बच्चों, आपकी टीम के साथियों, आपके सहकर्मियों, आपके ग्राहकों, यहाँ तक कि आपके कुत्ते को भी!

परिवर्तन से प्रेम करना सीखें, इसे अंगीकार करें, यहाँ तक कि इसका नेतृत्व भी करें - अपने भीतर और अपने आस-पास।

नदी जैसे इंसान बनें... जैसा हेलन केलर ने कहा था, "जीवन एक साहसिक यात्रा है, वरना यह कुछ भी नहीं है।"

34

प्रलोभन देने वाले

क्या आप वहाँ हैं? आप किसी मित्र या सहयोगी से कॉफ़ी पर मिलते हैं और जब बातचीत आगे बढ़ती है, तो आपको लगता है कि आपको सामने वाले के बारे में बात करने के लिए मजबूर किया जा रहा है। उनके प्रश्न आपके बारे में जानकारी हासिल करने के लिए नहीं हैं, बल्कि खुद के बारे में बातचीत करने के अवसर खोलने के लिए हैं!

चारा डालने वाले...

कल्पना करें कि कोई आपसे आपके नववर्ष के संकल्पों के बारे में पूछता है और आपके जवाब देने के तुरंत बाद ही अपने खुद के संकल्पों पर कूद पड़ता है - अक्सर आपके बिना पूछे। क्योंकि उनकी सच्ची दिलचस्पी इसी में है - आपमें नहीं, बल्कि खुद में।

कल्पना करें कि कोई आपसे आपकी पिछली छुट्टियों के बारे में पूछ रहा है। दरअसल वह किस बारे में बात करना चाहता है? आपने अंदाज़ा लगा लिया होगा।

कल्पना करें कि आप अभी-अभी ऑपरेशन कराकर या बीमार होने के बाद वापस लौटे हैं। चारा डालने वाला सही सवाल पूछेगा, लेकिन ग़लत इरादे के साथ। क्योंकि उसने भी एक बार ऑपरेशन कराया था और वह आपको उसके बारे में पूरे विवरण सुनाकर ही चैन की साँस लेगा!

मैं समझता हूँ कि हम सभी खुद के बारे में बात करना चाहते हैं। मैं समझता हूँ कि हमें जुड़ाव के बिंदु खोजने की ज़रूरत होती है और हमें ऐसा करना भी चाहिए। जो लोग यह कर रहे हैं, वे चारा डालने में ज़्यादा सूक्ष्म होते हैं और अक्सर उनकी सामने वाले के जवाबों में आधी रुचि होती है और आधी उनके खुद के दृष्टिकोण में होती है।

सच्चे चारा डालने वाले पूरे पैमाने के नाटकीयकरण की अवस्था में होते हैं। वे फ़ेसबुक या ट्विटर पर अस्पष्ट कथन डालते हैं - जिससे लोग उनसे ऐसे सवाल पूछें कि उनका ध्यान उनकी ओर मुड़ जाए। अपनी फ़ेसबुक की फ़ीड पर नज़र डालें। इस तरह की पोस्ट देखें... *आज दुखी महसूस कर रहा हूँ या यह एक मुश्किल वीकएंड था या कितना बड़ा पागल था!* क्या वे एक प्रश्न की सुर्री नहीं छोड़ रहे हैं? इस तरह के कथन को हम चारा कह सकते हैं। अगर हम कोई प्रश्न पूछते हैं, तो हम उनके चारे को कुतर लेते हैं। वे इसी का इंतज़ार कर रहे हैं। अब हम उनके जाल में फँस चुके हैं। फ़ेसबुक पर चारा खोजें। कमेंट में आपको बहुत सारी मछलियाँ दिख जाएँगी।

मैं यह इसलिए लिख रहा हूँ, क्योंकि मैं जानता हूँ कि हालाँकि बातचीत का यह आत्म-केंद्रित रूप मुझे ग़लत लगता है, मगर फिर भी मैं इसे कई बार करता हूँ। यदि मेरे प्रश्न में कोई काँटा छिपा हुआ है, तो मैं उनके सामने चारा डालने जा रहा हूँ। वैसे ज़्यादा जागरूक बनकर मैं इसे बोलने से पहले अक्सर खुद से यह प्रश्न पूछता हूँ... *यह उनके बारे में है या मेरे बारे में?* और अगर वहाँ कोई काँटा है, तो इसे पहचानना और अपने प्रश्न से बाहर निकालना ज़रूरी होता है।

प्रश्न करने से पहले यह सही प्रश्न पूछें - *यह उनके बारे में है या मेरे बारे में?*

35

शानदार बनें

"जब मैं बीमार होता हूँ, तो मैं बीमार होना छोड़ देता हूँ और इसके बजाय शानदार बन जाता हूँ।" ये मशहूर शब्द टीवी सीरियल *हाउ आई मेट युअर मदर* में बार्नी ने विजेता की तरह कहे थे।

हालाँकि यह सीरियल मज़ेदार है, लेकिन मैं इसकी कुछ सामग्री का प्रबल समर्थक नहीं हूँ और बार्नी की जीवनशैली इसका अपवाद नहीं है। लेकिन उस बंदे का नज़रिया बेहतरीन है! शानदार। ये शब्द उस नज़रिये का सार हैं। मैं इन शब्दों को जितना ज़्यादा पढ़ता हूँ, ये मुझे उतने ही ज़्यादा पसंद आते हैं। "जब मैं बीमार होता हूँ, तो मैं बीमार होना छोड़ देता हूँ और इसके बजाय शानदार बन जाता हूँ।" इससे प्रेम करें! सक्रिय नज़रिया!

हाल ही में मेरी एक मित्र को स्ट्रेप थ्रोट की बीमारी पता चली, जिसके एक दिन पहले हम दो घंटे की उड़ान में पास बैठे थे। ईश्वर का शुक्र है कि उसका स्वास्थ्य अब ठीक है और अपने डॉक्टर से मिलने के तुरंत बाद उसने भलमनसाहत में मुझे फ़ोन किया – उसे मेरी चिंता सता रही थी कि कहीं मुझे भी संक्रमण न हो गया हो। मेरी प्रतिक्रिया कुछ हद तक बार्नी जैसी थी, हालाँकि यह उससे काफ़ी कम कवित्तमय थी। परिणाम मेरे शब्दों से मिलते-जुलते थे। स्वस्थ।

आपने देखा, मेरे शब्दों ने सृष्टि में एक ब्रह्मांडीय प्रतिक्रिया उत्पन्न कर दी, जो मुझे सभी तरह की कीटाणुओं से नैसर्गिक रूप से सुरक्षित रखती है। इस बात पर शक है। लेकिन मेरे शब्द मेरे अनुभवों के काफ़ी अच्छे भविष्यवक्ता होते हैं। मैं ज़्यादा बीमार नहीं रहता हूँ और निश्चित रूप से, लंबे समय तक तो नहीं। क्या कभी फ़्लू हुआ था... याद नहीं है। कोई फ़्लू का टीका भी नहीं लगवाया। पंद्रह साल से तो नहीं। क्या यह सचमुच मेरे शब्दों का जादू है?

स्वाभाविक तौर पर हमारे शब्द बीमारी, रोग और दूसरी चुनौतियों की कटु वास्तविकताओं को दूसरी दिशा में नहीं मोड़ सकते, जो हम पर हमला कर सकती हैं। लेकिन मुझे सचमुच विश्वास है कि हमारे शब्द, जो हमारे मस्तिष्क में शुरू होते हैं, अक्सर हमारे सामने आने वाली परिस्थितियों को प्रभावित करते हैं और वे इस बात को तो पूरी तरह प्रभावित करते हैं कि हम अपने सामने आने वाली स्थितियों को कैसे सँभालते हैं।

यहाँ वह बताया जा रहा है, जो मेयो क्लीनिक के स्टाफ़ ने सकारात्मक मानसिक नज़रिये (और मेरा मानना है कि यह हमारे शब्दों से सबसे अच्छी तरह प्रदर्शित होता है) के प्रभाव के बारे में बताया है :

- दीर्घायु
- डिप्रेशन की कम दर
- परेशानी के कम स्तर
- आम सर्दी के प्रति ज़्यादा प्रतिरोध
- बेहतर मनोवैज्ञानिक और शारीरिक स्वास्थ्य
- हृदयवाहिनी रोगों से मृत्यु का कम जोखिम
- मुश्किलों और तनाव के दौर में जूझने की बेहतर योग्यताएँ

यहाँ कुछ बातें हैं, जो *बाइबल* हमारे शब्दों की शक्ति के बारे में कहती है :

- लेकिन जो मुँह से बाहर निकलता है, वह हृदय से निकलता है और यह किसी व्यक्ति को दूषित कर देता है। (मैथ्यू 15:18)

- कोई व्यक्ति ऐसा होता है, जिसके उतावले शब्द तलवार के वार जैसे होते हैं, लेकिन समझदार लोगों की ज़बान उपचार करती है। (प्रोवर्ब्स 12:18)

- खुशनुमा हृदय अच्छी दवा है, लेकिन कुचला हुआ जज़्बा हड्डियों को सुखा देता है। (प्रोवर्ब्स 17:22)

बार्नी से *बाइबल* तक! बेहतरीन।

36

बम्बल बॉल

क्या आपको बम्बल बॉल याद है?

यह बॉल अभिभावकों के लिए बहुत उपयोगी थी और छोटे बच्चों के लिए एक धमाका था! मुझे याद है कि हमारी दो साल की बेटी इससे खेल रही थी – इस शानदार खिलौने की अनवरत, अनिश्चित और रोमांचक प्रकृति पर उसके रोमांच को देखना बहुत मज़ेदार था। ज़ाहिर है, इसके साथ किसी कुत्ते या बिल्ली को देखना भी इतना ही मनोरंजक हो सकता है! मैं बम्बल बॉल से प्रेम करता हूँ!

खिलौने के रूप में यह बेहतरीन है। जीवनशैली के मामले में यह इतनी बेहतरीन नहीं है।

बरसों पहले मैंने एक व्यक्ति को देखा, जो हमेशा रोमांचक, उत्साही, उन्मुक्त और दिशाहीन नज़र आता था। वह चुनौतियों को लेने, परिवर्तन को अंगीकार करने और सकारात्मक सशक्तिकरण के शब्द बोलने से नहीं घबराता था। समस्या यह थी कि उसके पास कोई स्पष्ट दिशा नहीं थी। वह किसी निश्चित मंज़िल की ओर नहीं बढ़ रहा था, लेकिन उसका नज़रिया सकारात्मक था और वह सतत गतिविधि में जुटा रहता था। उसे यह बात समझ में नहीं आती थी। उत्साह और गतिविधियों के सैलाब से उसे यह विश्वास हो गया कि उसके पास उद्देश्यपूर्ण जोश है। देखिए उसके पास जोश तो था, लेकिन स्पष्ट उद्देश्य नहीं था।

बम्बल बॉल मानसिकता के बारे में मेरे अवलोकन का सार यह है :

1. परिवर्तन निरंतर है – सिर्फ़ परिवर्तन के मूल्य के लिए नहीं, बल्कि इसलिए क्योंकि हर चीज़ ध्यान आकर्षित करती है

2. रोमांच स्पष्ट है – हालाँकि किसी एक उद्देश्य से बँधा हुआ नहीं है

3. सतत परिवर्तन के रोमांच की वजह से विश्वसनीयता का अभाव है

4. सकारात्मक होने का "विचार" ही काफ़ी है

5. ज़्यादा बोलना, कम सुनना

6. कोई भी चीज़ निश्चित नहीं है – सिवा अनिश्चितता के

सौभाग्य से बम्बल बॉल जैसे इस मामले में उद्देश्य का विवाह अंततः जोश से हो गया और सपना साकार हो गया।

37

ख़रीदना

मेरी पत्नी बहुत व्यस्त महिला है। वह हर दिन कार्यसूचियाँ बनाती हैं, हममें से कई लोगों की तरह। मेरे मामले में ये सूचियाँ दिन नामक खंडों में विभाजित रहती हैं - सोमवार, मंगलवार, बुधवार। अलगाव के ये बिंदु मेरे लिए अच्छी तरह काम करते हैं। सोमवार को मैं मंगलवार या बुधवार के बारे में नहीं सोचता हूँ - ज़्यादातर समय। ऐमी की कार्यसूचियाँ, हालाँकि वे दिन के लिए लिखी जाती हैं, नदी की तरह ज़्यादा होती हैं - सभी एक साथ प्रवाहित होती हैं। जब वे सोमवार की सूची पर काम कर रही होती हैं, तो मंगलवार, बुधवार और अगले महीने की सूची की एक-दो चीज़ों के लिए भी "टैब" खुली रहती है! कहने की ज़रूरत नहीं है कि मेरे लिए यह कामों और प्राथमिकताओं के मानसिक प्रबंधन का बहुत ही तनावपूर्ण तरीक़ा है, लेकिन ऐमी कहती हैं कि उनकी मानसिक संरचना ऐसी ही है। हालाँकि हम सभी बदल सकते हैं, लेकिन मैं उनकी बात से सहमत हूँ। इसके अलावा, इस तरह से वे उल्लेखनीय रूप से उत्पादक बन जाती हैं। इससे भी बड़ी बात, यह लेख इस बारे में नहीं है!

मैंने ये सारी बातें सबक़ की भूमिका बनाने के लिए लिखी हैं। आइए इसका सामना करते हैं, इसी तरह से हम सभी बेहद व्यस्त और अक्सर बहुत तनाव में रहते हैं - बेहतर बनने, ज़्यादा काम करने और ज़्यादा हासिल करने की अंतहीन

कोशिश कर रहे हैं। चाहे आपके घर पर हो या करियर में, बहुत सारी चीज़ें एक साथ हो रही हैं - आपके निजी प्राथमिकता केंद्र के बीच में।

देखिए, ऐमी के लिए वो दिन काफ़ी कुछ वैसा ही था, जैसा मैंने वर्णन किया है। इसके साथ क्रिसमस की अतिरिक्त तैयारी, योजना बनाना और प्राथमिकताएँ तय करना भी जोड़ दें। जब ऐमी किचन में थीं, अपनी सूची पर काम कर रही थीं और अपने दिमाग़ में खुली सारी टैब्स के बारे में सोच रही थीं, तो मिचल सीढ़ियों से धड़धड़ाता हुआ नीचे आया। उसने अपनी माँ को देखते ही स्थिति पर ग़ौर किया और पूछा, "मम्मी, क्या आपका कभी कोई ऐसा दिन रहा है, जब आप इस अहसास के साथ जागी हों कि आज आप बहुत सारा उपयोगी काम करने वाली हैं?"

ऐमी ने जवाब दिया, "लगता तो है, क्यों?"

मिचल ने कहा, "देखिए, मुझे आज यही अहसास हो रहा है! तो बताएँ, क्या करना है?!"

वाह, मैं इस तरह के अवलोकन, पहल शक्ति और निष्ठा से प्रेम करता हूँ!

मुद्दे की बात। मिचल ने ऐमी के नज़रिये का समर्थन किया। वह अहसान की वजह से मदद नहीं कर रहा था, बल्कि अपनी माँ की मदद करने, सेवा करने और उनके दिन में सकारात्मक फ़र्क़ डालने की सच्ची रुचि से ऐसा कर रहा था। सच्चाई यह है, मैं यह नहीं कह सकता कि वह हर दिन इसी तरह सीढ़ियों से नीचे धड़धड़ाता हुआ आता है। लेकिन उसने इस बार ऐसा किया।

अगर हम अपनी टीम, बच्चों या जीवनसाथी को भी आम तौर पर अपने पक्ष में दौड़ते हुए न पाएँ, तो शायद वहाँ पर समर्थन उस तरह नहीं है, जैसा यह हो सकता है और जैसा इसे होना चाहिए।

लीडरों के रूप में हमें कहीं ज़्यादा सफलता मिलेगी, जब हमारी टीम हमारा समर्थन करे - और यह आम तौर पर हमारे कार्यों व नज़रियों से शुरू होता है। यह इससे उत्पन्न होता है कि हम उनके साथ कैसा व्यवहार करते हैं, हम कैसे उनका सम्मान करते हैं, उनकी क़द्र करते हैं और उन्हें महत्त्व देते हैं। यह करुणा के अहसास से उत्पन्न होता है - हम परवाह करते हैं; विश्वास की बुनियाद से - हम हमेशा वही करते हैं जो हम कहते हैं कि हम करेंगे; और स्थायित्व के विश्वास से - हम उनकी ख़ातिर हमेशा वहाँ पर हैं।

जो संबंध मायने रखते हैं, उनमें प्रोएक्टिव अंदाज़ में निवेश करने का समय निकालें। ऐसी टीम का नेतृत्व करना कहीं ज़्यादा आसान होता है, जो आपके साथ जीतना चाहती हो, बजाय उस टीम के, जो आपके साथ जीतने के लिए मजबूर हो।

38

दबाव में शांत रहना

क्या किसी कार का दरवाज़ा बंद होते समय आपका हाथ कभी उसमें फँसा है? इसमें चोट लगती है। बहुत ज़्यादा। मुझे यह आनंददायक अनुभव कई साल पहले हुआ था। जब मैं कार के पास खड़ा था, तो मेरा हाथ बहुत बुरी जगह पर रखा था। जब मैं वहाँ खड़ा था, तो उन्होंने दरवाज़ा बंद कर दिया और मेरी अँगुलियों में तेज़ दर्द सनसनाने लगा! हाँ, दरवाज़ा पूरी तरह बंद था।

आप क्या करते?

अगर आपने मुझसे यह सवाल तब पूछा होता, जब मुझे सचमुच यह अनुभव नहीं हुआ था, तो मैं कहता, मैं चीखता... "कमबख़्त दरवाज़े को खोलो!" इससे सामने वाला पहले तो घबरा जाता, फिर समझने की कोशिश करता कि क्या ग़लत हुआ था और इसके बाद आख़िरकार दरवाज़ा खोल देता। बहुत ज़्यादा समय लग जाता।

मैंने क्या किया?

मैंने शांति से लेकिन काफ़ी गहनता से कहा, "कृपया दरवाज़ा खोल दें।" उन्होंने यह तुरंत खोल दिया और मैं आज़ाद हो गया। सौभाग्य से दरवाज़े में थोड़ी सी "संद" थी, इसलिए कोई अँगुली टूटी नहीं - बस काफ़ी चोट लगी। यह नहीं कह सकता कि मैं दोबारा ऐसी ही शांत प्रतिक्रिया करूँगा, लेकिन उस वक़्त मैं अपनी प्रतिक्रिया से खुश हुआ था।

दबाव। मुश्किल। विपत्ति। हम इन स्थितियों में कैसे प्रतिक्रिया करते हैं?

कहा जाता है कि किसी व्यक्ति का सच्चा चरित्र तब उजागर होता है, जब उसका सामना किसी सच्ची विपत्ति से होता है।

अनब्रोकन पुस्तक और फ़िल्म में लुई ज़ैम्पेरिनी की सच्ची जीवनगाथा पर नज़र डालें। यह एक पूर्व ओलंपिक खिलाड़ी की उल्लेखनीय कहानी है, जो 47 दिनों तक एक बेड़े पर बचा रहा, जब द्वितीय विश्वयुद्ध में उसका बमवर्षक विमान गिरा दिया गया और उसे क़ैदी के रूप में युद्ध शिविरों में भेजा गया।

या 1996 में गर्मियों के ओलंपिक में केरी स्ट्रग के बारे में सोचें। अमेरिकी महिला जिमनास्टिक टीम ने कभी महिलाओं का चौतरफ़ा स्वर्ण पदक नहीं जीता था। केरी स्ट्रग को विजय पर मोहर लगाने के लिए वॉल्ट (उनकी विशेषज्ञता) पर अच्छी तरह कूदना था, लेकिन वे पहली कोशिश में गिर गईं, जिस प्रक्रिया में उनका टखना मुड़ गया। जब वे लँगड़ाती हुई अपनी दूसरी और अंतिम छलाँग लगाने गईं, तो उन्होंने दर्द और दबाव के बीच ख़ुद को आगे धकेला। वे दौड़ीं, आदर्श रूप से कूदीं और ज़मीन पर खड़ी हो गईं - एक पैर पर! बाद में पता चला कि जीतने के लिए उन्हें वह आख़िरी छलाँग लगाने की ज़रूरत नहीं थी, लेकिन उस वक़्त वे यह नहीं जानती थीं। काफ़ी प्रभावशाली। हाँ! लेकिन इससे भी ज़्यादा प्रभावशाली बात यह थी कि उन्होंने यह तब किया, जब वे यह जानती थीं कि इससे उनके टखने को और नुक़सान पहुँचेगा तथा वे स्पष्ट रूप से व्यक्तिगत प्रतिस्पर्धाओं में प्रदर्शन नहीं कर पाएँगी।

दबाव तले शांत। व्यवसाय, खेल जगत तथा जीवन में सफलता की एक और कुंजी।

39

बाल्टियाँ लेकर चलना

क्या आप लीडर, मैनेजर, सुपरवाइज़र, सेल्सपर्सन, स्वयंसेवी या अभिभावक हैं? यदि हाँ, तो पढ़ते रहें...

आप हर दिन कितनी बाल्टियाँ उठाकर चलते हैं? बाल्टियाँ वे कार्य हैं, जो आप अपना "काम" करने के लिए उठाते हैं। मेरा अनुमान है कि बहुत सारी! शायद ज़रूरत से बहुत ज़्यादा बाल्टियाँ। शायद इनमें से कई बाल्टियाँ आपकी भी नहीं होती हैं। यह सही है, हम अक्सर दूसरे लोगों की बाल्टियाँ उठाकर चलते हैं। क्या यह बेवकूफ़ी नहीं है?

इसका सबसे अच्छा उदाहरण जो मैं सोच सकता हूँ, वह परवरिश के दृष्टिकोण से है, क्योंकि मेरी विनम्र राय में दरअसल यहीं पर परवरिश अक्सर गड़बड़ा जाती है। जब मैं अपने खुद के जीवन को पलटकर देखता हूँ, तो मैंने कितनी बार वही चीज़ की, जो मैंने अपने बच्चों को करने के लिए कही थी? और क्यों? क्योंकि यह ज़्यादा आसान था, ज़्यादा जल्दी था और सच कहूँ, तो मैं बेहतर था! लेकिन वाह, वे बाल्टियाँ कई बार बहुत भारी थीं। क्या होता है, जब हम थके और कुंठित हाल में भारी बाल्टियाँ उठाते हैं? हाँ। पानी छलक जाता है!

जब आप अपने बच्चों की बाल्टियाँ उठाते हैं या कारोबारी दृष्टिकोण से जब आप अपनी टीम की बाल्टियाँ उठाते हैं, तो यह सचमुच आपकी हार है। आप उन्हें सिखाते हैं कि वे योग्य नहीं हैं। आप उन्हें सिखाते हैं कि आप इसे ज़्यादा अच्छी तरह करेंगे। आप उन्हें सिखाते हैं कि वे कोशिश न करें। आप उन्हें सिखाते हैं कि आपको

उन पर भरोसा नहीं है। आप उन्हें अंततः उनकी टीम (या बच्चों) की बाल्टियाँ उठाना सिखाते हैं। आप उन्हें अधीरता सिखाते हैं। आप उन्हें उनकी उत्पादकता को यहीं तक सीमित करना सिखाते हैं कि वे क्या कर सकते हैं, बजाय इसके कि टीम क्या कर सकती है। आप उन्हें अल्पकालीन सोच सिखाते हैं, जो आगे चलकर महँगी पड़ सकती है - आर्थिक दृष्टि से, संबंधों की दृष्टि से, भावनात्मक दृष्टि से।

बाल्टियाँ काफ़ी भारी हो रही हैं, है ना?

अब समय आ चुका है कि आप इनमें से कुछ को नीचे रख दें और दूसरों को वह करने दें जो उन्हें करना चाहिए। सही लोगों को सही बाल्टियाँ उठाने दें। अपनी खुद की बाल्टियों पर ध्यान केंद्रित करें - जिनमें से एक दूसरों को यह **सिखाना** है कि वे उनकी **खुद की बाल्टियाँ कैसे उठाएँ**! सिखाने में समय लगता है। यह एक भारी बाल्टी है और इसमें एक शक्तिशाली औज़ार भरा है - सक्षम बनाना।

इस सक्षम बनाने वाली बाल्टी को किसी भी समय उठा लें, जब आप किसी दूसरे के लिए कोई चीज़ करना चाहते हों, जो दरअसल उसे खुद करनी चाहिए। सिखाकर, प्रदर्शित करके और अंततः उसे काम थमाकर सक्षम बनाएँ।

इस सप्ताह उन बाल्टियों के बारे में सोचें, जिन्हें आप उठाते हैं। आपको क्या सचमुच उन्हें उठाना चाहिए? अगर नहीं... तो उन्हें नीचे रख दें या फिर सक्षम बनाने वाली बाल्टी उठा लें!

40

परिभाषित करने वाले पल

मैं शारीरिक रूप से खूबसूरत बंदा हूँ। मैं सुडौल रहने, तेज़ चलने, दूर दौड़ने, बड़ी चीज़ें उठाने (छोटे बंदे के लिए) से प्रेम करता हूँ और ज़ाहिर है मुझे कीचड़ दौड़ों से प्रेम है, ख़ास तौर पर चुनौतीपूर्ण। मैं अपने बेटे के साथ टेनिस कोर्ट पर बराबरी करना भी पसंद करता हूँ - हाल-फ़िलहाल। यह हमेशा ऐसा नहीं था। हाँ, मैं हमेशा से ठीक-ठाक दिखता हूँ, लेकिन ज़्यादातर यह अच्छे जीन्स का असर रहा है। जब तक कि वह पल नहीं आ गया, जिसे मैं अपने किशोर जीवन का बहुत सूक्ष्म लेकिन बेहद प्रभावशाली पल मानता हूँ।

मैं तब शायद 12 साल का था। मेरे डैडी तब 45 के आस-पास थे और संभवतः 66 मैराथन दौड़ने की अपनी आजीवन उपलब्धि के अंतिम पड़ाव की ओर थे। विश्राम की अवस्था में उनकी हृदय गति 46 थी। सही है - 40 और 6! क्या मैंने मैराथनों का ज़िक्र किया था? कितना पागलपन का काम है। लेकिन ऐसे सनकी, जिनका मैं सम्मान करता था। बेडौल रहने से 46 की हृदय गति नहीं मिलती है, जब तक कि यह तेज़ी से गिर नहीं रही हो और आप इसे नीचे आते समय न पकड़ लें! मुझे याद है कि मैंने डॉक्टर के पास जाकर यह पता लगाया था कि विश्राम की अवस्था में मेरी हृदय गति 80 थी। 80! मैं दरअसल यह नहीं जानता था कि यह कितनी महत्त्वपूर्ण है, लेकिन मैंने हमेशा यक़ीन किया है कि विश्राम की अवस्था में

कम हृदय दर उत्कृष्ट कंडीशनिंग का एक संकेत है। जब तक कि यह शून्य न हो। तो 80 की हृदय गति से मुझे ऐसा महसूस हुआ, जैसे अपने डैडी की तुलना में मैं काफ़ी बीमार बच्चा था। सच कहूँ, तो मैं तभी से उस 46 के आँकड़े का पीछा कर रहा हूँ। मैं नहीं जानता कि मैं इसके बारे में कितना चेतन हूँ, लेकिन यह हमेशा मेरे लिए एक सूक्ष्म प्रेरणा रही है। हालाँकि यह मूर्खतापूर्ण लगता है, लेकिन मैं सचमुच अपनी हृदय गति की अक्सर जाँच करता रहता हूँ – अलबत्ता उस दुरूह 46 तक नहीं पहुँच पाता हूँ। बड़ी तसवीर – यह हमेशा एक सूक्ष्म धक्का रहा है, जिसने मुझे फ़िटनेस और ऊर्जा के ज़्यादा ऊँचे स्तर की ओर धकाया है, जहाँ मैं इसके बिना नहीं पहुँच सकता था।

मैं मानता हूँ कि हम जो परिवर्तन देखते हैं, उनमें से ज़्यादातर – सकारात्मक भी और नकारात्मक भी – छोटे-छोटे, धीमे और निरंतर प्रभावों का नतीजा होते हैं। कोच, प्रशिक्षक और वक्ता के रूप में मेरा आत्म-विश्वास धीरे-धीरे और निश्चित रूप से मेरी पत्नी, व्यक्तिगत मार्गदर्शकों, पुस्तकों, ऑडियो और ईश्वर में मेरी आस्था के प्रभाव के इर्द-गिर्द बना है।

निश्चित रूप से हममें से कई लोगों ने दूसरे, कहीं ज़्यादा मुश्किल और चुनौतीपूर्ण तरीक़ों से जीवन बदलने वाले, परिभाषित करने वाले पलों का अनुभव किया होगा। हम सभी में इसका मिश्रण रहा था, लेकिन छोटी चीज़ों को नज़रअंदाज़ न करें। कई बार ये हमारी सोच से ज़्यादा गहराई तक जाती हैं।

आपके परिभाषित करने वाले पल कौन से हैं?

आप संभवतः सोच रहे होंगे, इसलिए मैंने अभी-अभी जाँच की – 49! डैडी जितनी तो नहीं, लेकिन बुरी भी नहीं।

41

5 सबसे प्रभावशाली लोग

बरसों पहले मेरे मित्र और मार्गदर्शक ने मुझे बताया था कि मेरी आमदनी मेरे जीवन को सबसे ज़्यादा प्रभावित करने वाले पाँच लोगों की आमदनी का औसत होगी। अपने जीवन के 5 सबसे प्रभावशाली लोगों को लें, चाहे यह संबंध प्रत्यक्ष हो या अप्रत्यक्ष (लेखक या वक्ता), उनकी आमदनियों को जोड़ लें और फिर 5 से विभाजित कर दें; यही आपकी आमदनी होनी चाहिए। देखिए, स्पष्ट कारणों से मैं कभी हिसाब नहीं लगा पाया, लेकिन यह विचार आज तक मेरे दिमाग़ में कुलबुला रहा है।

मैंने इस कथन के बारे में बहुत सोचा है और मैं वैचारिक स्तर पर इससे सहमत हूँ। यह तार्किक लगता है कि अगर ये पाँच लोग मेरे जीवन को सबसे ज़्यादा प्रभावित कर रहे हैं, तो मुझमें कुछ हद तक उनकी तरह सोचने और काम करने की प्रवृत्ति होगी, जिससे मुझे समान परिणाम मिलेंगे और आर्थिक परिणाम भी वैसे ही मिलेंगे।

आइए, थोड़ा आगे चलते हैं। आमदनी अच्छी है, हाँ। लेकिन और कौन सी चीज़ें सचमुच महत्त्वपूर्ण होती हैं, जिनमें हम प्रभाव के इस सिद्धांत को लागू कर सकते हैं?

मिसाल के तौर पर, अगर आप बेहतर पिता बनना चाहते हैं, तो अपने जीवन में 5 सबसे ज़्यादा प्रभावशाली पिताओं पर ग़ौर करें। वे कौन हैं? शायद उनमें से एक आपके खुद के पिता होंगे। सच तो यह है कि हममें से ज़्यादातर लोग विवाह

और परिवार के बारे में अपने अभिभावकों से ही सीखते हैं – चाहे यह अच्छा हो या बुरा! और कौन? शायद कोई पड़ोसी या अंकल या कोच या पादरी। आइए थोड़ी ज़्यादा गहराई में चलते हैं, टेलीविज़न पर देखे किन पिताओं ने आपको प्रभावित किया है? अगर आप मेरे साथ-साथ बड़े हुए हैं, तो ये माइक ब्रैडी, आर्की बंकर, बिल कॉस्बी और अल बंडी रहे होंगे। यहाँ कोई मूल्यांकन नहीं है... लेकिन आप अपने बेटे को सबसे ज़्यादा किससे प्रभावित होते देखना चाहेंगे?

इस बारे में सोचें। हममें अपने प्रतिमानों – जिन दृष्टिकोणों से हम जीवन को देखते हैं – के आधार पर व्यवहार करने की प्रवृत्ति होती है। हम अक्सर वही प्रतिमान क़ायम रखकर इन व्यवहारों को बदलने की कोशिश करते हैं। सबसे आसान तरीक़ा अपने प्रतिमान को बदलना है, जिससे व्यवहार में बदलाव अपने आप हो जाएगा। हमारा दृष्टिकोण या प्रतिमान सबसे अच्छी तरह तब बदलता है, जब हम अपने सोचने के तरीक़े को बदल लेते हैं, जिस पर हमारे आस-पास के लोगों का सबसे ज़्यादा प्रभाव पड़ता है – हमें सबसे ज़्यादा प्रभावित करने वाले 5 लोगों पर दोबारा लौट आते हैं।

तो चुनौती यह है : आप कहाँ बेहतर बनना चाहते हैं? आपके लिए क्या महत्त्वपूर्ण है? आपका करियर, आपका वैवाहिक जीवन, आपकी परवरिश, आपका स्वास्थ्य, आपकी आर्थिक स्थिति, आपका नेतृत्व? एक क़ागज़ लें और इन क्षेत्रों में खुद को सबसे ज़्यादा प्रभावित करने वाले 5 लोगों की सूची बना लें। ईमानदार बनें – इस बारे में सोचकर कि कौन आपके दिमाग़ में हर दिन आ रहा है और वे इसे कैसे करते हैं। हालाँकि कई लोग प्रत्यक्ष प्रभाव के ज़रिये वहाँ पहुँचते हैं, लेकिन कई अप्रत्यक्ष साधनों से पहुँचते हैं – पुस्तकें, संगीत, टीवी, फ़िल्में आदि। सूची को लिख लें। फिर तय करें कि क्या उन प्रभावित करने वालों की सोच वैसी है, जैसी आप चाहते हैं। यदि यह वैसी ही है, तो इसे बनाए रखें; यदि यह वैसी नहीं है, तो स्रोत को बदल लें।

यह दरअसल इतना ही सरल है। ऐसे पाँच लोगों को खोजें, जिनसे आप प्रभावित होना चाहते हों – चाहे क्षेत्र जो भी हों – और किसी भी तरीक़े से ज़्यादा से ज़्यादा समय उनके आस-पास रहें। आज की प्रौद्योगिकी ने इस काम को पहले से ज़्यादा आसान बना दिया है।

आगे बढ़ें, सूची लिख लें। परिवर्तन शुरू कर दें।

42

सभी बत्तियाँ हरी होने का इंतज़ार न करें

हमारे घर से हाईवे तक 12 ट्रैफ़िक लाइट हैं। अगर मैं किसी यात्रा पर जाने से पहले उन सभी के हरी होने का इंतज़ार करूँ, तो घर से निकलने में मुझे कितना समय लगेगा? क्या मैं कभी निकल पाऊँगा? संभवतः नहीं।

हाँ, क्या हममें से ज़्यादातर ऐसा ही नहीं सोचते हैं, जब हमारे सामने कोई बड़ा निर्णय, कोई बड़ा परिवर्तन होता है - किसी ऐसी चीज़ को करना, जिससे हम डरते हैं या जिससे हम बचना चाहते हैं। शायद यह एक चुनौतीपूर्ण ग्राहक से मिलने जाना, कोई पेचीदा बिक्री अवसर या किसी प्रियजन को मुश्किल फ़ोन करना। शायद यह वह नई व्यायाम योजना है, जिसके बारे में हमने कुछ महीने पहले पढ़ा तो था, लेकिन हमने इसे आज तक शुरू नहीं किया। या शायद हममें कोई ऐसी आदत है, जिसे हम लात मारकर अपनी ज़िंदगी से बाहर निकालना चाहते हैं (जैसे व्यायाम न करना)। शायद आपको किसी ग्राहक के कमज़ोर भुगतान इतिहास के बारे में उसे फ़ोन करने की ज़रूरत है। या आपको अपने ऑफ़िस में उस कर्मचारी को बुलाने और उसके ख़राब नज़रिये के लिए उसे जवाबदेह ठहराने की ज़रूरत है, जिसकी वजह से टीम पर बुरा असर हो रहा है।

तथ्य यह है, हमारा ज़्यादातर जीवन इन स्थितियों का घूमने वाला दरवाज़ा है - और उन्हें समय पर, उचित व प्रभावी तरीक़े से दुरुस्त करना सीखना हमारी

परिपक्वता तथा विकास को दर्शाता है। जब हम सीखते हैं, तो आगे बढ़ने और तालमेल बैठाने की हमारी इच्छुकता हमें वह बनाती है, जो हम हैं। चाहे सारी बत्तियाँ हरी हों या न हों, हम फिर भी यात्रा पर चल देते हैं; सामने आने पर हर बत्ती के साथ तालमेल बैठाते हैं और फिर आगे बढ़ जाते हैं – इस प्रक्रिया में विकास करते और सीखते हैं!

याद रखें कि टालमटोल प्रेरणा की हत्यारिन है। बस चल दें! याद रखें, जैसा लेस ब्राउन कहते हैं, "छलाँग लगा दें और जाल प्रकट हो जाएगा।"

43

क्या आप अपने संबंधों में काम कर रहे हैं या अपने संबंधों पर काम कर रहे हैं?

क्या आपने माइकल गर्बर की बेस्टसेलर *ई-मिथ* पढ़ी है? आपको शायद यह बड़ा सवाल याद होगा, "क्या आप अपने व्यवसाय में काम कर रहे हैं या अपने व्यवसाय पर काम कर रहे हैं?" सच तो यह है कि ज़्यादातर व्यवसाय मालिक अपना व्यवसाय करने में बहुत ज़्यादा समय लगा देते हैं और अपने व्यवसाय पर काम करने - रणनीति, नियोजन, प्रशिक्षण, नियुक्तिकरण, प्रणालियों की बेहतरी आदि - में बहुत कम समय का निवेश करते हैं।

यह कहने के बाद मुझे ध्यान आया कि यही सिद्धांत हमारे संबंधों पर भी लागू होता है। परवरिश, विवाह, मित्रताएँ और यहाँ तक कि ग्राहक संबंध भी बहुत प्रतिक्रियाशील हो सकते हैं और अक्सर होते भी हैं - बस संबंध को चालू रखना, आग्रहों पर प्रतिक्रिया करना, घरेलू बिलों का भुगतान करना, टीवी चालू रखकर "अगल-बगल" में रहना, दो अलग-अलग करियरों पर काम करना, अक्सर रात में काम पूरा करना। इन चीज़ों में कोई भी मूर्खतापूर्ण तरीक़े से ग़लत नहीं है, लेकिन मैं यह सलाह देना चाहूँगा कि संबंध में काम करने के बजाय संबंध पर काम करने में ज़्यादा समय लगाएँ।

ग्राहकों के मामले में ग्राहक निष्ठा कार्यक्रम शुरू किया जा सकता है - संबंध की सेवा करने और महत्त्व देने के तरीक़े खोजना। ये वे चीज़ें हैं, जो आप उनके

लिए करते हैं, जब उन्हें किसी चीज़ की ज़रूरत नहीं होती - ग्राहक सम्मान कार्यक्रम, लंच पर मिलना, उनके लिए व्यक्तिगत रुचि का लेख, उन्हें अपने परिचितों से जोड़ना और यह विश्वास करना कि इस परिचय से उन्हें मदद मिलेगी।

विवाह और लालन-पालन में ये रात की सृजनात्मक डेट भी हो सकती हैं - अपने जीवनसाथी के साथ और हाँ, अपने बच्चों के भी साथ। अपनी बेटी को लंच या फ़िल्म पर इसी कारण ले जाने की कल्पना करें। पुस्तकों, वीडियो, चर्च या दूसरे समारोहों के ज़रिये दूसरों से पढ़ने और सीखने के बारे में कैसा रहेगा? एक पारिवारिक शाम के बारे में कैसा रहेगा, जहाँ हर बच्चा और वयस्क बारी-बारी से चुनता है कि परिवार के रूप में निश्चित शामों को क्या करना है? हाइकिंग के बारे में कैसा रहेगा? अर्थपूर्ण बातचीत, हँसी या किसी सकारात्मक संबंध को बढ़ाने वाली कोई भी चीज़ निश्चित रूप से बहुत ज़्यादा अल्पकालीन और दीर्घकालीन लाभ देती है।

मैंने पढ़ा है कि पिता दिन भर में अपने बच्चों के साथ सकारात्मक रूप से सिर्फ़ चंद मिनट ही संवाद करते हैं। मैं नहीं जानता कि यह सच है या नहीं, लेकिन मैं देख सकता हूँ कि यह कैसे हो सकता है। आइए बर्तन में पत्थरों वाली कवी की कहानी को याद करें। महत्त्वपूर्ण पत्थरों को पहचानें और यह सुविचारित निर्णय लें कि हम उन्हीं पत्थरों को अपने बर्तन में पहले डालेंगे। मैं आपके साथ हूँ।

44

सुनने से आप ज़्यादा स्मार्ट बनते हैं

"**आ**प मेरी बात सुन नहीं रहे हो!" - सबसे बुरे, लेकिन सबसे मूल्यवान बिक्री सबक़ों में से एक, जिनका मुझे कभी अनुभव हुआ है। मैं एक सेल्स कॉल पर गया था, जिसमें संभावित ग्राहक ने मेरा यह बहुत सटीक आकलन किया। वह बिलकुल सही था, क्योंकि मैं ज़्यादातर समय यह सोच रहा था कि क्या पूछना है और पटरी पर कैसे है, जिस चक्कर में मैं उसके दिए गए वे सारे संकेत चूक रहा था - वह सारी जानकारी, जो मुझे उसकी कही बातों से मिल रही थी। बिक्री की प्रक्रिया में कुछ महत्त्वपूर्ण चूकने की बात से मैं इतना चिंतित था कि मैं सबसे महत्त्वपूर्ण हिस्सा ही चूक गया - जो उसके लिए महत्त्वपूर्ण था!

मैंने यह सुना है कि सुनने से आप ज़्यादा स्मार्ट बनते हैं। क्या सुनने से आईक्यू पर सचमुच असर होता है? संभवतः नहीं; लेकिन आईक्यू का संबंध बनाने और उन्हें विकसित करने की हमारी योग्यता पर क्या फ़र्क़ पड़ता है? इस मायने में "ज़्यादा स्मार्ट" का मतलब यह जानने के बिंदु तक सुनना है कि कौन से प्रश्न पूछने हैं - क्योंकि लोग हमें यह बता देते हैं! एलन पीज़ की संक्षिप्त, लेकिन शक्तिशाली पुस्तक *क्वश्चन्स आर द आन्सर्स* में इस बारे में सब कुछ दिया गया है। प्रश्न ऐसे जवाबों की ओर ले जाते हैं, जो बदले में ज़्यादा स्मार्ट, ज़्यादा गहरे, ज़्यादा संबंध जोड़ने वाले प्रश्नों में विकसित होते हैं। हालाँकि बेध्यानी से सुनना निष्क्रिय होता है, लेकिन सचमुच सुनना सक्रिय हिस्सा है, जो प्रश्न पूछने के बाद आता है। यहीं

पर आप उनके जवाबों के आधार पर अपने अगले प्रश्न बनाते हैं। किसी व्यक्ति को जानना चाहते हैं? प्रश्न पूछें, सुनें, ज़्यादा प्रश्न पूछें और ज़्यादा सुनें। ज़्यादातर लोग इस तरह की बातचीत को आगे बढ़ाने के लिए आपको ईंधन देते रहेंगे; इसकी बदौलत आप निष्क्रिय श्रोता से कहीं ज़्यादा रोचक और आकर्षक बन जाएँगे।

जिम रॉन के अनुसार, "आप किसी को जो सबसे बड़े तोहफ़े दे सकते हैं, उनमें से एक है ध्यान का तोहफ़ा।" बहुत कम लोग किसी को अपना पूरा ध्यान देने के महत्त्व से असहमत होंगे। मेरी पत्नी अक्सर कहती है, "लोग उस तरफ़ जाते हैं, जहाँ वे महत्त्वपूर्ण महसूस करते हैं।" इसके बारे में सोचें। आपके बच्चे, आपका जीवनसाथी, आपके मित्र, आपके सहकर्मी, आपके संभावित ग्राहक और आपकी टीम – वे सभी उस तरफ़ जाते हैं, जहाँ वे महत्त्वपूर्ण महसूस करते हैं। क्या वे आपकी तरफ़ आ रहे हैं?

45

सूअर नहीं जानते कि सूअरों से बदबू आती है!

कुछ दिन पहले मेरी पत्नी ने हमारे एक समझदार मित्र के कहे वाक्य को दोहराया : "सूअर नहीं जानते कि उनमें से बदबू आती है।" वाह! इस छोटे से वाक्य में इतनी सच्चाई और समझदारी है कि मुझे इसके बारे में लिखना ही था! मैं बात साफ़ करना चाहूँगा कि मुझे पूरा यक़ीन है कि मेरी पत्नी का इशारा मेरी तरफ़ नहीं था।

खैर, बात बिलकुल सच है और सूअरों को सचमुच यह पता नहीं होता - उनमें से बदबू आती है! मेरा मित्र नकारात्मक लोगों के बारे में बोलते वक़्त यह वाक्य अक्सर कहता था। उसका तर्क सरल था : यदि हम नकारात्मक हैं और नकारात्मक लोगों के साथ उठते-बैठते हैं, तो हमें फ़र्क़ पता नहीं चलता। यह सभी स्थितियों पर लागू होता है। यदि मैं बिक्री में हूँ और नीचे के 20 प्रतिशत में हूँ और नीचे के 20 प्रतिशत लोगों के साथ ही उठता-बैठता हूँ, तो मुझे सचमुच यह बात पता नहीं होती। यदि मैं अपने मित्रों के साथ अपनी पत्नी की लगातार बुराई करता रहता हूँ और वे भी यही करते हैं, तो हममें से किसी को भी फ़र्क़ का पता नहीं चलता। चाहे जो भी मामला है, हम जुड़कर हमेशा एक दूसरे से पोषण दे रहे हैं - दुर्भाग्य से, नकारात्मक तरीक़े से! यह कहने का मतलब नहीं है कि हमें सचमुच फ़र्क़ का

पता नहीं चलता; बात बस यह है कि हमारा परिवेश सकारात्मक रूप से बदलने की जागरूकता नहीं देता है। इसलिए हम बस कीचड़ में फिसलते रहते हैं!

जीवन के सबसे मूल्यवान सबक़ों में से एक मैंने लगभग 20 साल पहले सीखा - और हाँ, यह उसी मित्र से सीखा था। उसने मुझे सकारात्मक संगत का महत्त्व सिखाया, ख़ास तौर पर हर दिन किसी ऐसी पुस्तक से थोड़ा पढ़कर, जो मुझमें सकारात्मक परिवर्तन को प्रेरित करे। नेतृत्व, लोक-व्यवहार की योग्यताएँ, संवाद, विवाह, बच्चों और परवरिश, वित्त, बिक्री आदि के बारे में पुस्तकें दैनिक साथी बन गईं। लगभग 30 दिन बाद मैंने इस बात पर ग़ौर करना शुरू किया कि मेरे आस-पास के लोग बहुत नकारात्मक थे। दरअसल हो यह रहा था कि मैं बदल रहा था और फ़र्क़ पर ग़ौर कर रहा था। वे ज़्यादा नकारात्मक नहीं हुए थे; मैं ज़्यादा सकारात्मक हो गया था।

विषयवस्तु पर लौटते हुए, सूअर (मैं) ने सफ़ाई की और उस गंदगी, धूल और कीचड़ पर ग़ौर करने लगा जो मेरे चारों ओर था (लोग नहीं, बल्कि उनके नज़रिये और दृष्टिकोण!)।

आपके बारे में क्या हालत है? क्या आपकी बिक्री वहीं हैं, जहाँ आप उसे चाहते हैं? अगर नहीं, तो अपने बाड़े की जाँच करें - क्या यह आपके स्तर के या आपसे निचले स्तर के सेल्सपीपुल से भरा हुआ है? अगर आपका वैवाहिक जीवन उस तरह का नहीं है, जैसा आप चाहते हैं, तो अपने बाड़े की जाँच करें - क्या यह ऐसे लोगों से भरा हुआ है, जिनके साथ भी ऐसे ही अनसुलझे मुद्दे हैं? अगर आप अपनी सेहत को पसंद नहीं करते हैं, तो अपने बाड़े की जाँच करें - क्या यह ऐसे लोगों से भरा हुआ है, जो वज़न, व्यायाम और फ़िटनेस जैसी चीज़ों से लगातार जूझ रहे हैं? अगर हम किसी चीज़ को बदलना चाहते हैं, तो अपने बाड़े की जाँच करें और उस परिवर्तन को प्रतिबिंबित करने वाले लोगों को खोजें, जो हम खुद में देखना चाहते हैं।

46

छोटा-सा आदमी

कुछ समय पहले मैं अपने लैपटॉप के पास से गुज़र रहा था और मैंने स्क्रीन पर त्रिआयामी पाइपों को लगातार बनते-बिगड़ते देखा। लैपटॉप का इस्तेमाल न होने पर स्क्रीनसेवर वह काम कर रहा था, जिसे करने के लिए इसकी प्रोग्रामिंग की गई थी। ज़ाहिर है, एक बार जब मैं बैठकर काम करने लगा, तो यह तुरंत सावधान की मुद्रा में आ गया।

क्या हमारा मस्तिष्क इसी तरह काम नहीं करता है? हम हमेशा सोचते रहते हैं, चाहे हम इस बारे में जागरूक हों या नहीं। सचमुच डरावनी बात यह है कि जब हम सोच नहीं रहे होते हैं, तब हम क्या सोचते हैं - हमारा मानसिक स्क्रीन सेवर। मैं मानता हूँ कि हमारे उस स्क्रीन सेवर पर क्या है, वही इस बात की कुंजी है कि हम सचमुच किस ओर बढ़ रहे हैं और हमारा भविष्य कैसा होगा। स्क्रीनसेवर में क्या हम उस बारे में सोच रहे हैं, जिसे हम नहीं चाहते हैं, जो हमारे पास नहीं है या जिससे हम डरते हैं? क्या हम अपने जीवनसाथी के साथ हुई ताज़ा बहस के बारे में सोच रहे हैं या हम उस बहस के बारे में सोच रहे हैं, जो अगले कुछ मिनटों में होने वाली है? क्या हम उस ख़राब बिक्री के बारे में सोच रहे हैं, जिसका हम अनुभव कर रहे हैं, उस पैसे के बारे में जो हमारे पास नहीं है, उस सेहत के बारे में जो

हमारे पास नहीं है, उन वादों के बारे में जो हमने नहीं निभाए? याद रखें, जब हम नहीं सोच रहे हैं, तब भी हम सोच रहे हैं - संभवतः दिन में कई घंटे, हर दिन!

बरसों पहले हमने अपने बच्चों को यह सिखाया कि वे अपने दरवाज़ों - ज़्यादातर अपनी आँखों और कानों - की रक्षा क्यों और कैसे करें। लेकिन यह सलाह सिर्फ़ बच्चों के लिए ही नहीं है - यह हम सभी के लिए है, जिन्हें इस बात की परवाह है कि वे कहाँ जा रहे हैं। आपके विचारों और इस तरह आपके स्क्रीन सेवर को जो प्रभावित करता है, उसे चेतन होकर चुनने का निर्णय लें। जिस तरह किसी डिपार्टमेंट स्टोर में बजता संगीत हमारे दिमाग़ में ज़्यादातर दिन बजता रह सकता है, उसी तरह हमारा परिवेश - चाहे हम इस बारे में जागरूक हों या न हों - हमारे स्क्रीन सेवर को प्रभावित करता है।

मुझे 1950 के दशक की अर्ल नाइटिंगेल की क्लासिक रिकॉर्डिंग *द स्ट्रेंजेस्ट सीक्रेट* को सुनना याद है। उन्होंने मिट्टी उठाने वाली एक भारी मशीन का उल्लेख किया था, जो बहुत बड़ी, शक्तिशाली और प्रभावशाली थी - जिसे इसके ऊपर बैठा एक छोटा सा आदमी चला रहा था। मशीन को दरअसल कोई फ़र्क़ नहीं पड़ता था; यह तो बस वही कर रही थी, जो करने के लिए इसे निर्देशित किया जा रहा था। आगे आने वाले समय में उस छोटे आदमी को संलग्न करने में ज़्यादा सुविचारित बनें - उस स्क्रीन सेवर से अपने पक्ष में काम कराएँ।

47

हम ऐक्शन फ़िल्मों से प्रेम क्यों करते हैं

"हम" से मेरा मतलब पुरुषों से है।

मैं एक दिन सुबह जल्दी ही एक बहुत समझदार ग्राहक से मिला, जिसने एक ऐसी बात कही, जो प्रभुप्रकाश (epiphany) जैसी लगी। वह जॉन एल्डरेज की लिखी पुस्तक *वाइल्ड एट हार्ट* के बारे में बात कर रही थी। इसमें एल्डरेज हर छोटे लड़के की आत्मा का रहस्य बताते हैं। वह जो चाहता है और जिसका सपना देखता है, वह है युद्ध लड़ना, रोमांचक जीवन जीना और किसी सुंदर महिला को बचाना। ज़ाहिर है, पुस्तक में इससे भी ज़्यादा है, लेकिन आप उसे बाद में पढ़ सकते हैं।

प्रभुप्रकाश कल रात से संबंधित है।

हमारा परिवार *कैप्टेन अमेरिका : विन्टर सोल्जर* देख रहा था। आख़िरकार जब फ़िल्म ख़त्म हुई, तो ऐमी बोलीं, "वाह, बहुत सारे मर्दाना हार्मोन (testosterone) थे!" अगली सुबह जब जेन ने एल्डरेज की पुस्तक का सार बताया, जो मैंने कई साल पहले पढ़ी थी, तो मेरे दिमाग़ की बत्ती जल गई। इसीलिए मैं एक्शन फ़िल्मों से प्रेम करता हूँ! अगर एल्डरेज की बात सही है, तो यह दरअसल ईश्वर की ग़लती है। उन्होंने छोटे लड़के के रूप में ही मुझमें यह जज़्बा भर दिया था। हर व्यक्ति जानता है कि पुरुष दरअसल बड़े लड़के ही होते हैं, कम से कम हममें से ज़्यादातर।

मैं एक युद्ध लड़ना चाहता हूँ - अपनी पत्नी की ख़ातिर, अपनी संतानों की ख़ातिर और अपनी ख़ातिर। मेरे मामले में यह युद्ध आम तौर पर कीचड़ भरी बाधा दौड़ या चुनौतीपूर्ण व्यायाम या पेशेवर लक्ष्य हासिल करने के रूप में होता है।

मैं जीने के रोमांच के लिए लालायित रहता हूँ। एक बार फिर, यह मेरी प्रिय कीचड़ दौड़ों के मार्गों और बाधाओं में मिलता है, लेकिन यह पेशेवर परिदृश्य में भी मिलता है - ऑफ़िस की सफलताओं और असफलताओं की दैनिक चुनौतियों के बीच काम करना। जीत की सुंदरता : देखिए, मेरे पास सुंदर महिला है, लेकिन मैं एक बार फिर उसे जीतने के लिए हर दिन ज़ोर लगाता हूँ। यह ऐमी के वैवाहिक रहस्य 'समझौता, अनुगमन और सम्मान' का अनुगमन वाला हिस्सा है।

मुझे जीतने के लिए युद्ध दें, जीने के लिए रोमांच दें और बचाने के लिए सुंदर महिला दें - मैं इससे प्रेम करता हूँ। इससे मुझे जोश आता है। मैं इन तीन गहरी आंतरिक इच्छाओं को जितना ज़्यादा अंगीकार करता हूँ, मैं उतना ही ज़्यादा सजीव होता हूँ।

अगर इसे कभी-कभार जीने के लिए *कैप्टेन अमेरिका* फ़िल्म की ज़रूरत हो, तो यह सही है। शायद इसमें मर्दाना हार्मोन से थोड़ा अधिक है। शायद मेरी मानसिक संरचना इसी तरह की है। मैं इसे अच्छा मानता हूँ और ऐमी भी।

तो पुरुषों, क्या आपके पास जीतने के लिए कोई युद्ध है? क्या आप जीने के लिए रोमांच चुन रहे हैं? सबसे महत्त्वपूर्ण बात, क्या आप अपनी सुंदर महिला को हर रोज़ बचा रहे हैं?

आइए जीने में जीवन को भरें!

48

संस्कृति कार्यों की निरंतरता का समूह है

मैं मानता हूँ कि हमारी "संस्कृति" (हमारे परिवेश के भीतर नज़रिये और कार्य) अक्सर हमारा स्पष्ट प्रतिबिंब होती है। यह एक आईना है; हम जो सामने रखते हैं, वही लौटता है - अंततः।

क्या आपकी कंपनी ने अपने मूल्यों या संस्कृति की सूची लगा रखी है, ताकि हर कोई इसे देख सके? क्या आपने यह पढ़ी है? क्या आप इसे दोहरा सकते हैं? सबसे महत्त्वपूर्ण बात, क्या आप इसके अनुरूप जीते हैं और क्या हर कोई इसके अनुरूप जीता है? आप ही की तरह मैंने भी विज़न, मिशन, संस्कृति, मूल्यों, सफलता के गुणों आदि के बारे में बहुत सारे कथन असंख्य ऑफ़िस की दीवारों, वेब पेजों और बम्पर स्टिकर्स पर भी देखे हैं। हल्लाबोल! अगर उनका पालन नहीं होता - लगातार - तो उनसे दरअसल क्या फ़र्क़ पड़ता है? लगातार में कितनी शक्ति है! मैं तो यह भी कहूँगा कि ग्राहक और कर्मचारी अक्सर इन कथनों को कपटी या पाखंडी भी मान लेते हैं - अगर लीडर उनके अनुसार लगातार नहीं जी रहे हैं। अब कर्मचारी के दृष्टिकोण से वह उन सिद्धांतों के अनुरूप जीकर "नेतृत्व" कर सकता है। यह लीडर की भूमिका है - तो लीडर कौन है?

क्या वह लीडर उस संस्कृति के अनुरूप लगातार जी रहा है, जो वह बनाना और बनाए रखना चाहता है? अपने चारों ओर देखें; आपको क्या दिखता है? क्या आपको बहुत सारा नाटक, नकारात्मकता, निराशावाद, दोषारोपण और शिकार मानसिकता दिखती है? या फिर आपको व्यक्तिगत ज़िम्मेदारी, स्वामित्व, जवाबदेही,

जोखिम लेना, नवाचार और अखंडता दिखती है? आप किसे पसंद करेंगे? इसे परिभाषित करें और फिर इसके अनुरूप जिएँ - सारे समय।

यह बात याद रखें : संस्कृति कार्यों का निरंतर समूह है। अपने कार्यों की जाँच करें - यह सुनिश्चित करें कि वे आपके मूल्यों के सामंजस्य में हों और आप लगातार उनके अनुरूप जिएँ।

49

पाइक वाले लक्षण

पाइक एक बड़ी मछली है, जो छोटी मछलियों को खाकर ज़िंदा रहती है। बरसों पहले एक प्रयोग किया गया था, जिसमें पाइक को एक बड़े फ़िश टैंक में रखा गया। फिर टैंक में छोटी मछलियाँ भी डाली गईं, लेकिन उन्हें एक बड़े, बिना पेंदी वाले काँच के पात्र में पाइक से अलग रखा गया। काँच के पात्र को टैंक की तलहटी में डुबा दिया गया; मछलियाँ पाइक से पूरी तरह से अलग थीं। ज़ाहिर है, पाइक यह नहीं जानती थी और उसने तुरंत ही छोटी मछलियों पर हमला किया। वास्तव में, पाइक ने बार-बार काँच पर सिर मारा, जब तक कि यह कुंठित और "अनुकूलित" होकर तलहटी में नहीं बैठ गई, ठीक छोटी मछलियों के बग़ल में। कुछ समय बाद पात्र को उठा लिया गया और छोटी मछलियाँ बड़े टैंक में पाइक के चारों ओर तैरती रहीं। लेकिन इसके बावजूद पाइक निराशा की अवस्था में बैठी रही। वास्तव में, पाइक ने दोबारा कभी कोशिश ही नहीं की और उसी टैंक में मर गई, जिसमें उसका भोजन और बचाव का मुख्य स्रोत उसके ठीक सामने था!

क्या हम भी उसी पाइक जैसे हैं?

क्या हमारे मन में सीमित करने वाले विश्वास हैं, जिन्होंने हमारी सोच, हमारे कार्यों और इस तरह हमारे परिणामों को निश्चित कर दिया है? क्या हम "इतने ज़्यादा व्यस्त" हैं कि व्यायाम नहीं कर सकते, ज़्यादा बेच नहीं सकते, पढ़ नहीं सकते, अपने बच्चों, अपने जीवनसाथी या अपने सहकर्मियों की बात भी नहीं सुन सकते?

क्या हम नाम याद रखने में कच्चे हैं? क्या हम एक औसत जीवन जी रहे हैं, जिसमें औसत आमदनी है, औसत कार है, औसत घर है? क्या हमारी सोच औसत है?

हालाँकि दूसरी पीढ़ी के बहुत से व्यवसायी अपने अभिभावकों की मेहनत के फलों को बरबाद कर देते हैं, लेकिन कई ऐसा नहीं करते। दरअसल वे अपने अभिभावकों की सफलता के सिलसिले को जारी रखते हैं - क्यों? मेरे ख़याल से इसलिए, क्योंकि उन्हें यक़ीन होता है कि वे यह कर सकते हैं; यह वह "स्थिति" है जिसे वे जानते हैं, क्योंकि वे इसी विश्वास के साथ बड़े हुए हैं।

स्टीफ़न कवी कहते हैं, "यदि आप अपने जीवन में छोटे परिवर्तन करना चाहते हैं, तो अपने नज़रिये पर काम करें। लेकिन अगर आप बड़े और बुनियादी परिवर्तन चाहते हैं, तो अपने प्रतिमानों पर काम करें।" शोधकर्ताओं ने छोटी मछलियों को खाने की योग्यता के प्रति पाइक के प्रतिमान को सफलतापूर्वक बदल दिया और इसके फलस्वरूप पाइक आदत का शिकार होकर भूखी मर गई।

हमें अपने प्रतिमानों, अपने "पाइक रोगों" का आकलन करने की ज़रूरत है। हमें यह तय करने की ज़रूरत है कि हम जीवन को इस वक़्त जैसा देखते हैं, उसे स्वीकार करने के बजाय हम उसे वैसा देखें, जैसा हमारे जीवन को होना चाहिए। आप जो दृष्टिकोण चाहते हैं, वैसा दृष्टिकोण रखने वालों के आस-पास रहकर अपने पुराने प्रतिमानों को बदल लें।

यदि आप ज़्यादा समय, ज़्यादा एकाग्रता और ज़्यादा ऊर्जा चाहते हैं - तो ऐसे लोगों को खोजें, जिनके पास यह है। सीखें कि वे कैसे सोचते हैं; उनसे प्रभावित होने का विकल्प चुनें और आप अंततः उनका प्रतिमान हासिल कर लेंगे।

एडी मर्फ़ी और डैन एकरॉयड ने 1983 की क्लासिक फ़िल्म *ट्रेडिंग प्लेसेस* में इसे साबित किया था। जगहें बदलने का समय है - आप जो चाहते हैं वह बनें; यह ज़रूरी नहीं है कि वह आपके पास इसी समय हो।

50

ऊर्जा

हमने उसे वाइकिकी के सुंदर होटल की लॉबी में आते देखा। उसने कुछ ख़ास नहीं किया; उसकी पोशाक या बालों की शैली असाधारण या भड़कीली नहीं थी। वह ध्यान आकर्षित करने के लिए बहुत ज़ोर से नहीं बोल रहा था या आपत्तिजनक नहीं था। लेकिन इसके बावजूद उसने ध्यान आकर्षित किया - हर एक का ध्यान। जैसे ही वह चलकर अंदर आया, "कोई चीज़" थी, जो उसकी उपस्थिति के बारे में सम्मोहक थी। वह कौन था? एक व्यावसायिक लीडर, पिता, पति और कुल मिलाकर अच्छा आदमी। और हाँ, एक मिलियनेअर। ये चीज़ें उस पल किसी को पता नहीं थीं। सारा प्रभाव उसकी उपस्थिति, उसकी ऊर्जा का था। यह कमरे में हावी हो गई और इसने हमारे ध्यान को जकड़ लिया।

क्या आप कभी किसी ऐसे व्यक्ति से मिले हैं, जो कमरे में अंदर आते समय "ख़ास" लग रहा था? उसने कोई असामान्य या ख़ास चीज़ नहीं की, लेकिन सहज बोध की वजह से आपने महसूस कर लिया कि वह "ख़ास" था और हर दूसरे व्यक्ति ने भी ऐसा ही महसूस किया।

देखिए, हम सभी "ख़ास" हैं, लेकिन हममें से बहुत कम खुद को ख़ास मानते हैं। मैं किसी घमंडी, स्वार्थी नज़रिये की बात नहीं कर रहा हूँ, बल्कि आंतरिक विश्वास और चरम आश्वस्ति का सुझाव देने वाले नज़रिये की बात कर रहा हूँ। मैं कुछ लोगों के बारे में सोच सकता हूँ, जो इस वर्णन के अनुरूप हैं और इन सभी

लोगों में जो एक चीज़ स्पष्ट नज़र आती है, वह है ऊर्जा या उपस्थिति। वे ऊर्जा, उद्देश्य और दिशा संचारित करते हैं।

मुझे डेविड श्वाट्र्ज़ की पुस्तक द *मैजिक ऑफ़ थिंकिंग बिग* में पढ़ी हुई यह बात याद है कि आत्म-विश्वास हासिल करने के लिए हमें चेतन रूप से 25 प्रतिशत ज़्यादा तेज़ चलना चाहिए - इससे ऐसा दिखता है, मानो हम जानते हैं कि हम कहाँ जा रहे हैं और हम वहाँ जाने को लेकर रोमांचित हैं (हम क्यों नहीं होंगे, अगर हमने आत्म-विश्वासी और उद्देश्यपूर्ण होकर वहाँ जाने का विकल्प चुना है?!) मुझे यक़ीन है कि हम खान-पान, विश्राम और व्यायाम जैसी अच्छी आदतों के ज़रिये अपनी शारीरिक ऊर्जा को बढ़ा सकते हैं। लेकिन हम विकल्प चुनकर भी अच्छी ऊर्जा (उपस्थिति) उत्पन्न कर सकते हैं - हम जो भी करते हैं, उसमें उद्देश्य से संचालित होकर - आवश्यक रूप से लक्ष्य द्वारा नहीं, बल्कि उद्देश्य द्वारा संचालित।

अगली बार जब आप किसी कार्यक्रम में हों - इससे कोई फ़र्क़ नहीं पड़ता कि यह कार्यक्रम व्यावसायिक है या आनंद का अवसर है, अपने चारों ओर नज़र डालकर देखें कि क्या आप किसी अनूठी उपस्थिति वाले व्यक्ति को देख सकते हैं। "अवसर" का लाभ उठाएँ और अपना परिचय दें - आप हैरान हो सकते हैं कि उस पल में आप कितना ज़्यादा सीख सकते हैं। अगर इस समय नहीं, तो शायद किसी बिंदु पर आप भी किसी दूसरे के लिए ख़ास व्यक्ति बन जाएँगे।

51

तीन लिफ़ाफ़े

कहानी यह है कि नया सीईओ कार्यभार सँभाल रहा था और कुछ अंतिम विवरणों के लिए भूतपूर्व सीईओ से मिल रहा था। भूतपूर्व सीईओ ने कहा कि उसने तीन सीलबंद लिफ़ाफ़े नंबर डालकर नए सीईओ की डेस्क में रख दिए थे। सीईओ के पद पर किसी बड़ी ग़लती के मौक़े पर उसे उन्हें उसी क्रम में खोलना था। कुछ महीने बाद यह हो गई – उसकी पहली बड़ी ग़लती! वह डेस्क तक गया और उसने पहला लिफ़ाफ़ा बाहर निकालकर उसे खोला। उसमें लिखा था, "मुझे दोष दो।" यह सलाह मानकर उसने सारा दोष पिछले नेतृत्व के निर्णयों पर मढ़ दिया और हर व्यक्ति ने उसकी बात मान ली।

लगभग छह महीने बाद उसने अपनी दूसरी बड़ी ग़लती की और एक बार फिर बुद्धिमत्ता भरी सलाह के लिए डेस्क की ओर बढ़ा। दूसरे लिफ़ाफ़े में लिखा था, "संचालक मंडल को दोष दो।" उसने ऐसा ही किया। आख़िर, भूतपूर्व सीईओ की नीतियों की तरह ही वर्तमान संचालक मंडल के सदस्य भी उसे विरासत में मिले थे। यह सलाह भी उतनी ही अच्छी तरह कारगर रही।

फिर लगभग एक साल बाद उसने अपनी तीसरी बड़ी ग़लती की। उस आख़िरी लिफ़ाफ़े में नीचे दी गई कुशल सलाह थी : "तीन लिफ़ाफ़े तैयार करो!"

अगर वह उस पहले लिफ़ाफ़े को नहीं खोलता, तो संभवतः उसे तीसरे लिफ़ाफ़े की बुद्धिमत्ता पर अमल करने की ज़रूरत नहीं पड़ती! दोषारोपण का खेल शायद

ही कभी कारगर होता है और अगर होता भी है, तब भी यह दरअसल नहीं होता। दोष देने, इंकार करने या बहाने बनाने के बजाय – आख़िरी वाला सबसे बुरा हो सकता है – यह नेतृत्व करने का समय है। यह स्वामित्व स्वीकार करने, ज़िम्मेदारी लेने और जवाबदेह बनने का समय है। इस मार्ग को चुनेंगे, तो आप बेहतर महसूस करेंगे, ज़्यादा तेज़ी से विकास करेंगे और अंततः अपने आस-पास के लोगों का सम्मान हासिल करेंगे।

यहाँ याद करने और निगाह रखने के लिए तीन बेहतरीन जवाब हैं : "हाँ, सर!" "नहीं, सर!" और "कोई बहाना नहीं, सर!"

52

चलता-फिरता विज्ञापन बोर्ड

क्या आपने कभी रेस्तराँ में वेटर का काम किया है? बदतमीज़ ग्राहकों से मिले हैं? ऐसे ग्राहकों से मिले हैं, जिनमें कोई धैर्य या परानुभूति नहीं थी? क्या आपको कभी अपमान या धोखे की सीमा तक टिप दी गई है? क्या आप कभी मेज़ की दूसरी तरफ़ रहे हैं? क्या आप कभी ऐसे ग्राहक रहे हैं? इससे आपके बारे में क्या पता चलता है? चाहे परिस्थितियाँ कैसी भी रही हों, जिनकी वजह से वह ख़राब अनुभव हुआ, आपके कार्य आपका विज्ञापन बोर्ड हैं। वे आकलन करने के लिए, सही या ग़लत और व्यापक अटकलबाज़ी करने के लिए लोगों के सामने हैं। इन्हीं से यह तय होता है कि वे आपके बारे में क्या सोचते हैं।

मेरी बेटी अंशकालीन तौर पर एक स्थानीय रेस्तराँ में वेटर का काम करती है – और हमने ऐसी कुछ कहानियाँ सुनी हैं। इनमें से एक ख़ास कहानी की वजह से यह अध्याय लिखा जा रहा है। वह एक बड़े ईसाई समूह के लिए वेटर का काम कर रही थी, जो अधीर और बदतमीज़ थे और टिप देने में थोड़े कंजूस थे। देर रात के कारण रेस्तराँ में स्टाफ़ कम था और मेरी बेटी स्पष्ट रूप से हैरान-परेशान थी, लेकिन उसके साथ जो व्यवहार किया गया, वह अविवेकपूर्ण और अनुचित था – समझ और धैर्य का कहीं से कहीं तक नामोनिशान नहीं था। इस अनुभव के बारे में बहुत कुछ कहा जा सकता है, जो यहाँ नहीं लिखा जाएगा। हमें यह समझ में

आया कि हमारा, उसका या वहाँ सेवा करने वाले बाक़ी कर्मचारियों का धर्म चाहे जो हो, उस रात ईसाई धर्म को बहुत नुक़सान हुआ – इसके विज्ञापन बोर्ड पर बहुत घटिया विज्ञापन दिखा। मेरी राय में विज्ञापन बोर्ड ग़लत और अन्यायपूर्ण था, लेकिन फिर भी इस पर दिख रहा था। और यह सही हो या ग़लत, कुछ लोग इन लोगों के कामों को ईसाई धर्म के लोगों की आदतों का नाम दे सकते हैं। "... मुझे याद है, मैं ईसाइयों के एक समूह से मिला था – अधीर, बदतमीज़ और हल्के..."

इसे पढ़ने वाले ज़्यादातर लोग जानते हैं कि मैं कितना धार्मिक हूँ और मेरी बेटी के मामले में भी यही बात सही है। इसलिए मेहरबानी करके समझ लें कि इसे लिखना आसान नहीं था, लेकिन यही इसे लिखने का कारण है।

हम जो भी करते हैं, वह हर चीज़ एक चलता-फिरता विज्ञापन बोर्ड है, जिससे दूसरे लोग हमें जोड़कर देखते हैं – हमारा विवाह, हमारी कंपनी, हमारी नौकरी, हमारा देश और हमारा धर्म।

आपका विज्ञापन बोर्ड क्या कह रहा है?

लेखक के बारे में

 माइक *इंटिग्रिटी वर्क्स* कोचिंग के स्वामी हैं, जो अखंडता-संचालित प्रशिक्षण कंपनी है। यह कंपनी प्रेरणा, संवाद, प्रदर्शन, टीमवर्क, संबंधों, नेतृत्व, बिक्री में वृद्धि और बिक्री प्रबंधन जैसे क्षेत्रों में पेशेवर वक्तृत्व तथा प्रशिक्षण पर केंद्रित है। अतिरिक्त आमने-सामने की कोचिंग बिक्री, एक्ज़ीक्यूटिव और लाइफ़ कोचिंग के ज़रिये सीधे व्यक्तिगत तथा पेशेवर विकास को सुलभ बनाती है।

25 वर्षों से ज़्यादा समय से माइक बिक्री और व्यवसाय के क्षेत्र में असाधारण लीडर रहे हैं, जिन्हें पेशेवर वक्तृत्व, आमने-सामने की कोचिंग तथा विकास, बिक्री नियोजन एवं क्रियान्वयन और प्रशिक्षण व कार्यशाला आयोजन में वृहद अनुभव है, जिसमें उन्होंने ग्राहकों, सहयोगियों तथा साझेदारों के साथ मज़बूत और स्थायी बंधन जोड़े हैं।

माइक और उनकी पत्नी के विवाह को 25 वर्ष से ज़्यादा समय हो चुका है - वे अपने धर्म पर केंद्रित रोमांचक संबंध के प्रति समर्पित हैं, जिसे ऐमी (समझौता, अनुगमन और सम्मान) कहती हैं। माइक और ऐमी के तीन बच्चे हैं - जीवन में उनके पहले तीन शिष्य - और वे लगभग हर चीज़ की योजना परिवार के इर्द-गिर्द बनाते हैं।